10 Lições sobre
MAQUIAVEL

Dados Internacionais de Catalogação na Publicação (CIP)
(Câmara Brasileira do Livro, SP, Brasil)

Barros, Vinícius Soares de Campos
  10 lições sobre Maquiavel / Vinícius Soares de
Campos Barros. 6. ed. – Petrópolis, RJ : Vozes, 2014. –
(Coleção 10 Lições)

  6ª reimpressão, 2025.

  ISBN 978-85-326-3973-8

  Bibliografia

  1. Filosofia 2. História 3. Machiavelli,
Niccolo, 1469-1527 4. Política I. Título. II. Série.

10-00096   CDD-320.01

Índices para catálogo sistemático:
1. Maquiavel : Filosofia política   320.01

Vinícius Soares de Campos Barros

10 Lições sobre
MAQUIAVEL

Petrópolis

© 2010, Editora Vozes Ltda.
Rua Frei Luís, 100
25689-900 Petrópolis, RJ
www.vozes.com.br
Brasil

Todos os direitos reservados. Nenhuma parte desta obra poderá ser
reproduzida ou transmitida por qualquer forma e/ou quaisquer meios
(eletrônico ou mecânico, incluindo fotocópia e gravação)
ou arquivada em qualquer sistema ou banco de dados
sem permissão escrita da editora.

CONSELHO EDITORIAL

Diretor
Volney J. Berkenbrock

Editores
Aline dos Santos Carneiro
Edrian Josué Pasini
Marilac Loraine Oleniki
Welder Lancieri Marchini

Conselheiros
Elói Dionísio Piva
Francisco Morás
Teobaldo Heidemann
Thiago Alexandre Hayakawa

Secretário executivo
Leonardo A.R.T. dos Santos

PRODUÇÃO EDITORIAL

Anna Catharina Miranda
Eric Parrot
Jailson Scota
Marcelo Telles
Mirela de Oliveira
Natália França
Priscilla A.F. Alves
Rafael de Oliveira
Samuel Rezende
Verônica M. Guedes

Editoração: Maria Paula Eppinghaus de Figueiredo
Diagramação e capa: AG.SR Desenv. Gráfico
Ilustração de capa: Omar Santos

ISBN 978-85-326-3973-8

Este livro foi composto e impresso pela Editora Vozes Ltda.

Aos meus pais, Paulo Florêncio de Campos Barros e Marlene Soares de Campos Barros, com afeto e admiração indeléveis; à minha esposa Wilmara Nogueira de Campos Barros, com amor; aos amigos Oswaldo Trigueiro do Valle, Fernando Magalhães, Flamarion Tavares Leite, Agassiz Almeida Filho, Luciano Oliveira, Humberto Vicente de Araújo, Andressa Barros e Edísio Ferreira de Farias Júnor, com os quais mantenho um diálogo constante e enriquecedor que dá impulso ao meu espírito criativo.

Sumário

Introdução, 9

Primeira lição – Sob a luz da Renascença, 13

Segunda lição – A verdade efetiva, 31

Terceira lição – Pessimismo antropológico, 40

Quarta lição – A concepção de história de Maquiavel, 45

Quinta lição – A íntima relação entre *fortuna* e *virtù*, 52

Sexta lição – A autonomia da política, 59

Sétima lição – A religião como instrumento do Estado, 68

Oitava lição – Maquiavel e a arte da guerra, 78

Nona lição – A teoria maquiaveliana das formas de governo, 86

Décima lição – O amor à pátria, a opção republicana e a ditadura transitória, 96

Conclusão, 120

Obras principais, 125

Introdução

Comecemos narrando um fato que pode ser considerado, no mínimo, curioso.

Em 1864, veio a lume, em Bruxelas, um escrito anônimo intitulado *Diálogo no inferno entre Maquiavel e Montesquieu*. Na verdade, o autor era o advogado e jornalista francês Maurice Joly que – servindo-se do tão notório realismo maquiaveliano – tenta mostrar como deveria se portar quem quisesse obter um poder total sem utilizar a força, mas, de modo contrário, com instrumentos como o controle da opinião pública e da economia.

O livro – uma crítica engenhosa às artimanhas políticas de Napoleão III – foi introduzido na França por meio de contrabando, todavia, como alguns dos contrabandistas eram também policiais, sem muito esforço conseguiu-se impedir a divulgação do panfleto e desmascarar o autor. Entretanto, um exemplar caiu nas mãos da Ochrana – a polícia secreta russa – que, plagiando-o, confeccionou um dos documentos falsos mais famosos de todos os tempos: os *Protocolos dos Sábios de Sion*. Neles, as maquinações atribuídas por Joly a Maquiavel são concebidas como de autoria dos dirigentes da Aliança Israelita Internacional que, secretamente reunidos, urdiam os mais sórdidos estratagemas para dominar o mundo.

A fraude foi descoberta em 1921 por Philip Graves, correspondente do *The Times* em Constantinopla, um ano depois dos *Protocolos* serem traduzidos para outros idiomas, ganhando fama mundial.

A história da descoberta de Graves guarda certa semelhança com tramas de ficção policial. Sabe-se que um monarquista russo, exilado na Turquia, de nome Mikhail Raslovlev, revelou ao jornalista inglês que, depois de comprar uma coleção de livros velhos de um ex-funcionário da polícia secreta czarista, deteve-se a ler um pequeno volume em cuja lombada estava impresso o nome de Joly. No prefácio à obra constava a data de outubro de 1864. Logo percebeu incríveis semelhanças entre vários trechos do *Diálogo* e dos *Protocolos*. Daí foi um passo até se comprovar que o "documento" sobre a tão propalada "conspiração judaica" era uma farsa[1]. Nunca uma teoria conspiratória teve tão trágicas consequências, já que contribuiu para a perseguição sofrida pelos judeus no século XX. Mesmo sendo atestado como falso em 1921, o texto antissemita seguiu sendo publicado e traduzido para inúmeras línguas.

Na exposição desse fato, por assim dizer, insólito, veem-se as ideias de Maquiavel serem apropriadas como um sinônimo de opressão e de dominação, como um receituário que serve apenas aos déspotas ou àqueles que têm desígnios pouco louváveis.

Ainda hoje, apesar do esforço acadêmico em resgatar os grandes ideais que animavam o florentino, essa visão permanece entre os leigos que desconhecem a sua defesa intransigente das liberdades republicanas. Mesmo muitos acadêmicos enxergam nele um propugnador da má-fé na política, mas furtam-se a percebê-lo como o grande arauto – como veremos na décima lição deste livro – do republicanismo moderno.

De fato, este arguto pensador, que foi contemporâneo e conterrâneo de Da Vinci, Michelangelo e do grande navegador Américo Vespúcio, caracterizava-se por sua devoção à causa republicana, tendo dedicado a maior expressão de seu espírito literário, *Discursos sobre a primeira década de Tito Lívio*, à defesa ostensiva de seus elevados ideais.

Neste trabalho, marcadamente introdutório, tentaremos sumariar, em dez lições, as ideias principais que compõem o

---

1. Sobre esses fatos Cf. JOLY, M. *Diálogo en el infierno entre Maquiavelo y Montesquieu*. Barcelona: Seix Barral, 1977, p. IX-XIV.

plexo teórico maquiaveliano. Deve-se ressaltar que a primeira lição é dedicada a reerguer, em poucas páginas, o palco renascentista em que o diplomata florentino se situa como figura exponencial, bem como apresentar uma breve nota biográfica sobre sua dramática carreira pouco afortunada.

Da segunda lição em diante serão abordados os temas centrais de seu aparato intelectual, quais sejam: seu método objetivo e, portanto, revolucionário de encarar a política em sua operacionalidade; sua perspectiva pessimista acerca da natureza humana; sua concepção sobre a história; o estudo da relação entre *fortuna* e *virtù*; a apreciação da política como categoria autônoma e, desse modo, separada da moral; a perscrutação da religião pelo prisma da eficácia social; sua análise da arte da guerra; a discussão sobre as formas de governo; e, por fim, seu amor à pátria, a opção republicana e a interpretação de *O príncipe* como a defesa de uma ditadura transitória.

É imperioso, neste instante, o seguinte alerta: todo autor que se debruça sobre o pensamento de um escritor clássico, alimenta a ambição de ser o único detentor da verdade sobre suas ideias. Todavia, saiba, meu caro leitor, que tal arrogância só pode conduzir a um único lugar – à cegueira intelectual. Todo pensador clássico enfeixa uma quase impenetrável aura de complexidade – causa, sem dúvida, de sua longevidade – que impede o domínio pleno de todos os mistérios de suas elaborações. Destarte, "[...] um clássico é um livro que nunca terminou de dizer aquilo que tinha para dizer"[2], isto é, sobre ele é possível uma diversidade de discursos interpretativos, de maneira que não nos é permitido arquitetar uma interpretação oficial.

No caso específico da obra maquiaveliana, a desconformidade de opiniões é, com efeito, a única convergência. To-

---

2. CALVINO, I. *Por que ler os clássicos*. São Paulo: Companhia das Letras, 1993, p. 11 [Trad. de N. Moulin].

dos querem saber quem foi, em sua essência, aquela figura enigmática, verdadeira esfinge, pronta a nos surpreender a cada novo virar de página. Contudo, Maquiavel sempre prevalecerá sobre seus intérpretes, como nos mostra Isaiah Berlin que, em renomado ensaio intitulado *A originalidade de Maquiavel*, antes de oferecer sua própria perspectiva a respeito do ideário de nosso autor, faz-nos suar frio ao coligir mais de vinte teorias principais sobre como analisar *O príncipe*[3]. Dessa feita, resta-nos, apenas, uma aproximação que não revela o todo das posições políticas de Maquiavel, pois isto seria impossível, mas aclara a universalidade e a atualidade de suas construções teóricas.

Portanto, volvamos agora nossos olhos sobre um dos períodos mais notáveis da história universal: o Renascimento, buscando compreender as suas notas essenciais, a fim de que possamos desvelar a *esfinge*[4], conhecer o homem Maquiavel, cidadão florentino, cujo nome viria, ao longo dos séculos, traindo suas próprias crenças, a ser sinônimo da astúcia utilizada para fins pessoais. Nada seria mais antimaquiavélico, em seu sentido mais preciso, que a herança maldita de seu nome. É o que pretendemos mostrar nessa pequena obra: um novo Maquiavel. Comecemos a primeira lição.

---

3. Cf. BERLIN, I. A originalidade de Maquiavel. In: BERLIN, I. *Estudos sobre a humanidade*: uma antologia de ensaios. São Paulo: Companhia das Letras, 2002, p. 299 [Trad. de R. Eichenberg].

4. O termo é usado por Aron com a clara intenção de demonstrar as dificuldades interpretativas acerca do pensamento maquiaveliano. Maquiavel é, dessa feita, a figura enigmática sobre a qual a única convicção é a polêmica de suas ideias. Cf. ARON, R. Maquiavel e Marx. In: ARON, R. *Estudos políticos*. 2. ed. Brasília: UnB, 1985, p. 97 [Trad. de S. Bath].

Primeira lição
Sob a luz da Renascença

Não se pode, sob o risco de incorrer no deslize do amesquinhamento interpretativo, descolar o pensador perscrutado da sociedade em que este se insere, pois é certo que o homem não prospera no isolamento, não sendo capaz de, sozinho, satisfazer a todas as necessidades impostas pela vida. Esta, pelo contrário, muitas vezes hostil, impele-o ao consórcio com outros homens. Destarte, por estar preso, por assim dizer, no mesmo tempo e espaço de seus coetâneos, atado aos mesmos modelos mentais de uma época e cultura, o homem, interativo por natureza, tem seu mundo constantemente moldado pelas influências que recebe.

Influenciar e ser influenciado, eis o que ocorre com mais frequência na vida social. Nesse jogo de mútuas interações, construímos nossas concepções de vida, arte, poder etc., as quais, em muito, vêm-nos como legado de nosso tempo, presente de nossa civilização. Assim, influenciados pela cadeia de amizades, família e cultura a que estamos adstritos, percebemo-nos quase sempre, a gosto ou contragosto, como vítimas de opiniões que não nos são originais, mas que, impregnadas em nossas almas, impulsionam-nos à assimilação sem contestação ou à repulsa por meio da crítica.

Com o homem de gênio não é diferente. Ele, apesar de seus talentos intelectuais, está no mundo como qualquer outro, sendo cingido pelos mesmos aspectos geográficos, políticos, artísticos e culturais que o irmanam com os outros habitantes que, com ele, partilham o mesmo ambiente.

Dessa maneira, qualquer tentativa de conhecer o pensamento de Maquiavel ficaria prejudicada sem as considerações necessárias sobre o período em que viveu, a Renascença, não sendo possível compreender as suas ações sem que se atente para as motivações de seus atos. Por isso, retroceder aos contornos históricos que delinearam sua vida é imperativo à medida que, não seguindo esse roteiro, as deturpações interpretativas avolumar-se-iam[5].

Sendo assim, como poderíamos definir o Renascimento? Definir?! Que tamanha ousadia!

Na verdade, como bem pondera Jean Delumeau, as palavras têm muita vida, impondo-se a nós contra nossa própria vontade[6]. Em sua opinião, a contraposição de uma Renascença de imenso vigor inventivo a uma Idade Média tediosa e passiva constitui-se como um grande equívoco historiográfico, uma vez que se cai no erro de conferir a um período histórico autossuficiência em relação à fase precedente[7].

Da mesma forma pensa Nicolau Sevcenko quando consigna que não se pode considerar como unidade homogênea – e, ao mesmo tempo, inteiramente descontínua em relação ao medievo – um movimento que abrigou, em seu seio, pensadores e artistas com visões as mais discrepantes sobre as diversas áreas do conhecimento humano[8], alguns, inclusive, místicos como Santa Teresa e São João da Cruz que, por seu ideário, enquadrar-se-iam com mais facilidade, ante uma postura já superada de encarar como antitéticas a Idade Média e a Renascença, em

---

5. Cf. BARROS, V.S.C. *Introdução a Maquiavel*: uma teoria do Estado ou uma teoria do poder? Campinas: Edicamp, 2004, p. 33-34.

6. Cf. DELUMEAU, J. *A civilização do Renascimento*. Vol. I. Lisboa: Estampa, 1994, p. 19-20.

7. Ibid., p. 19.

8. Cf. SEVCENKO, N. *O Renascimento*. 17. ed. São Paulo: Atual, 1994, p. 83.

um período de fervor devocional como aquele, do que em um Renascimento sempre tão profano e antropocêntrico, pelo menos como é interpretado por aqueles que não lhe querem perceber a complexidade.

Porém, como salienta o historiador Paul Johnson, o estudo do passado, sempre complexo e impreciso, requer do pesquisador, que busca nele um sentido intelectivo, o talento para simplificar e selecionar os fatos perscrutados, dando-lhes uma forma inteligível[9]. Foi assim que Jacob Burckhardt, escritor do século XIX, procedeu ao nos legar sua grande obra (em 1860) sobre o movimento renascentista intitulada *A cultura do Renascimento na Itália*. Deve-se a ele o enraizamento da interpretação do período que se impôs nos primeiros escritos sobre o tema, cabendo-lhe, ao lado de Jules Michelet, que lançou seu trabalho dois anos antes, em 1858, a glória de reconstruir o cenário exuberante da Renascença, bem como o pecado de macular-lhe o caráter multifário ao abordar essa fase histórica como uma realidade totalmente antagônica àquilo que se convencionou chamar de Idade das Trevas. Suas palavras acentuam essa dicotomia, quando diz: "Agora, porém, como competidora de toda a cultura da Idade Média, essencialmente clerical e fomentada pela Igreja, aparece uma nova civilização, fundamentando-se naquela que havia do outro lado da Idade Média"[10].

Comentando a importância de Burckhardt para a construção do conceito de Renascença, Chabod afirma que, na obra clássica do autor suíço, o período "[...] aparece como uma esplêndida flor brotada de improviso no meio do deserto; antes, parecia que não havia nada, ou quase nada, e as relações e os pontos de contato com os séculos anteriores não

---

9. Cf. JOHNSON, P. *O Renascimento*. Rio de Janeiro: Objetiva, 2001, p. 11 [Trad. de M. Campello].

10. BURCKHARDT, J. *A cultura do Renascimento na Itália*. Brasília: UnB, 1991, p. 121 [Trad. de V.L.O. Sarmento e F.A. Correa].

eram vislumbrados, de sorte que o Renascimento seguia em um soberbo isolamento"[11].

Contudo, são comuns, hoje, as teses segundo as quais o realismo e o individualismo, assinalados como específicos do movimento, vinham sendo gestados no medievo. Esse realismo, por exemplo, já aparecia na arte italiana desde Giotto. Além disso, não podemos olvidar que os cronistas medievais, na confecção de seus relatos, apresentavam este espírito de observação da realidade que se traduzia em descrições precisas e minuciosas. Entretanto, no historiador da Idade Média, o detalhe não é mais que detalhe, estando inserido em uma visão de mundo de índole não realista, visto que a força motriz da história humana encontrava-se fora do mundo e da vida dos homens. De modo diverso, nos historiadores florentinos do Renascimento é precisamente a visão de conjunto que é realista e individualista, havendo uma percepção da história como acontecimento gerado em puro âmbito da vida "real", isto é, humana, como efeito da vontade da ação dos homens[12].

No entanto, apesar de seu aspecto impreciso e multiforme, o período renascentista deve ser, aqui, pintado em cores mais amenas, já que não intentamos, nos limites deste trabalho, compreendê-lo em suas minudências, mas, sim, como palco propício para as ações de Maquiavel. Dessa forma, voltemos, agora já acautelados, para a indagação feita acima: como podemos definir a Renascença?

Edith Sichel, alertando, de início, que as definições são em geral enganosas, arrisca-se com as seguintes palavras:

> Foi um movimento, uma revivificação das capacidades do homem, um novo despertar da consciência de si próprio e do universo – um movimento que se

---

11. CHABOD, F. *Escritos sobre el Renacimiento*. México: Fondo de Cultura Económica, 1990, p. 69.

12. Ibid., p. 15-16.

alastrou pela Europa Ocidental e que, pode-se dizer, durou mais de dois séculos. [...]. Como outros movimentos, teve precursores, mas diferentemente dos outros, não foi delimitado por nenhum objetivo particular e a onda fertilizante que varreu a Itália, a Alemanha, a França, a Inglaterra e, em grau muito menor, a Espanha, deixando atrás de si um mundo novo, parece-se mais com um fenômeno da natureza do que com uma corrente da história – mais uma atmosfera envolvendo os homens do que um rumo definido à sua frente[13].

Iniciando-se na Itália, especialmente em Florença, e espraiando-se pelo Ocidente europeu, os novos ares eram percebidos de forma consciente pelas pessoas cultas que viam o seu mundo recriar a grandeza literária, filosófica e artística da Antiguidade Clássica. Em pleno desenvolvimento do processo, no ano de 1550, o pintor italiano Vasari publica uma obra de extrema importância, *As vidas dos artistas*, na qual compara as glórias do período clássico às realizações do passado recente da Itália, bem como de sua época, cunhando um termo para a fase que havia apartado dois grandes momentos de exaltação do espírito humano (Antiguidade e Renascimento): Idade Média[14].

É nesse mundo em rápida transformação que devemos situar Maquiavel, um mundo redivivo, entre os séculos XIV e XVI, sucessor da letargia medieval e assentado em bases humanistas e antropocêntricas. Um cenário novo e sedutor, em que o homem encontra-se consigo mesmo em suas potencialidades criativas e se vê como senhor de sua própria história. Uma fase de transição entre o velho e o novo, em que, ao modo de produção feudal, sobrevém o capitalismo, fazendo,

---

13. SICHEL, E. *O Renascimento*. Rio de Janeiro: Zahar, 1963, p. 7 [Trad. de I.M. Damasceno].
14. Cf. JOHNSON, P. Op. cit., p. 12.

por conseguinte, surgir novas realidades técnicas e um forte desenvolvimento econômico propulsor do reaparecimento das cidades. Elabora-se, também, uma moderna imagem do mundo graças ao descobrimento da América, à revolução astronômica de Copérnico e Kepler e ao desenvolvimento das ciências indutivas e experimentais, como a física de Galileu[15], propiciando, assim, um amplo progresso em todos os campos do saber humano e terminando por apresentar ao homem – já, em espírito, pós-medieval – a modernidade. No que concerne à política, esse novo contexto representa o fim do feudalismo, o surgimento das grandes nacionalidades europeias, o auge do sistema monárquico, a limitação dos poderes da Igreja[16] e o gradual anseio por liberdades que conduzirá o continente às chamas revolucionárias do século XVIII.

É neste ambiente intelectual renovado onde vamos encontrar nosso pensador, que assim como Leonardo e Michelangelo, deve ser visto como uma das máximas encarnações do espírito renascentista.

Sobre esta íntima ligação entre Maquiavel e sua época, Ernst Cassirer expressa-se nos seguintes termos: "Não obstante as largamente diferentes opiniões acerca de Maquiavel, no que respeita à sua obra e personalidade, há um ponto, pelo menos, no qual se encontra acordo unânime. Todos os autores salientam que Maquiavel é 'um filho da sua época', que é um testemunho típico da Renascença"[17].

Não apenas sua época foi singular em inovações e constantes variações nos negócios políticos, como também sua

---

15. Cf. VÁRNAGY, T. Introducción. In: VÁRNAGY, T. (comp.). *Fortuna y virtud en la República Democrática*: ensayos sobre Maquiavelo. Buenos Aires: Clacso, 2003, p. 10.

16. Cf. SYMONDS, J.A. *El Renacimiento en Italia*. Vol. I. México: Fondo de Cultura Económica, 1995, p. 11-12.

17. CASSIRER, E. *O mito do Estado.* São Paulo: Códex, 2003, p. 160 [Trad. de Á. Cabral].

geração, de tão primorosa, pode ser facilmente analisada por qualquer historiador, não sendo lícito a este queixar-se de falta de informação. Dessa feita, "[...] o período que vai da invasão da Itália em 1494 pelo Rei Carlos VIII da França, quando Maquiavel tinha 24 anos, ao selvagem saque de Roma pelas tropas de Carlos V em 1527, ano de sua morte, desviou tão agudamente o curso da história da península que os contemporâneos contemplavam seu próprio mundo com o mesmo interesse surpreso que os astrônomos mostrariam se a lua de súbito revelasse a face oculta"[18].

Maquiavel foi o intérprete político de uma era, para a Itália, rica em dramaticidade e noturnas conspirações. A península, àquele tempo, a região mais culta da Europa, ainda não se estruturava sob um regime político unitário, remanescia fragmentada, ao contrário das novas potências continentais, Espanha e França, em Estados de dimensões ínfimas quando comparados às modernas monarquias nacionais. Mediante esse mosaico[19] de pequenos Estados em luta constante para sobreviver, sobressaíam-se cinco polos de poder que, articulando-se com outras potências, almejavam estabelecer seu domínio político na Itália. Ao Sul, o reino de Nápoles nas mãos dos Anjou e, a partir de 1492, dos aragoneses; o papado, no centro, sob controle temporal da Igreja; a República de Florença, na Toscana, há décadas sob o domínio da Família Medici; o ducado de Milão, na Lombardia, controlado primeiramente pelos Visconti e depois pelos Sforza; e, no Vêneto, Veneza, a República com a estrutura constitucional mais estável da península. Ao redor destes Estados or-

---

18. HALE, J.R. *Maquiavel e a Itália da Renascença*. Rio de Janeiro: Zahar, 1963, p. 9 [Trad. de W. Dutra].

19. Paul Larivaille, em sua importante obra *A Itália no tempo de Maquiavel*: Florença e Roma, informa-nos que a península à época de nosso autor era: "um mosaico de Estados de dimensões territoriais, regimes políticos, estágios de desenvolvimento econômico, até culturas variáveis" (São Paulo: Companhia das Letras, 1988, p. 9 [Trad. de J.B. Neto]).

bitavam pequenos principados e repúblicas que, a fim de assegurar sua própria sobrevivência, tinham que alinhar suas políticas a de seus vizinhos mais poderosos[20].

É nesse cenário conturbado – envolto em escaramuças constantes, golpes e contragolpes, o que acentuava a instabilidade e propiciava uma nefanda crise de legitimidade – que nasce nosso diplomata, em 3 de maio de 1469, no seio de uma família bem postada socialmente, com muitas posses em Val Di Pesa, os *Machiavelli*. Villani – ao enumerar as mais importantes casas guelfas[21] que deixaram Florença depois da grande derrota de 1260 – coloca-os ao lado dos Barbadori, dos Canigiani, dos Soderini[22] etc.

No entanto, o pai de Maquiavel, *messer* Bernardo di Niccolò di Buoninsegna, pertencia a um ramo menos opulento do clã. De fato, Bernardo, apesar da origem aristocrática, só conseguiu manter a família devido a seu trabalho como advogado, além, é claro, de rígida parcimônia. Já à mãe, Bartolomea de'Nelli, foram atribuídos talentos poéticos, cogitando-se que dela nosso autor teria herdado o pendor para essa arte que lhe inflamara a vida. Foi o terceiro de quatro filhos, sendo precedido por Primavera e Margherita, suas irmãs; e seguido por Totto, irmão caçula nascido em 1475.

---

20. Cf. ESCOREL, L. *Introdução ao pensamento político de Maquiavel*. Brasília: UnB, 1979, p. 19. Deve-se observar que ao referir-se a esse quadro político fragmentário, Louis Gautier Vignal, em complemento à visão mais corriqueira exposta acima, acrescenta um sexto polo de comando: o Estado Saboyano-Piamontês (cf. VIGNAL, L.G. *Maquiavelo*. 3. ed. México: Fondo de Cultura Econômica, 1971, p. 9.

21. Guelfos e gibelinos constituíram facções políticas italianas que representavam, respectivamente, os partidários do papa e do Império.

22. Cf. RIDOLFI, R. *Biografia de Nicolau Maquiavel*. São Paulo: Musa, 2003, p. 17-18 [Trad. de N. Canabarro].

Apesar de sua pobreza, Bernardo, com muito esforço, sempre conseguia alguns florins para a aquisição de livros, sua única paixão. De tão aficionado, logo após a introdução da imprensa em Florença, recebeu de um dos primeiros editores florentinos, Niccolò della Magna, um exemplar impresso da *História de Roma* de Tito Lívio, a fim de compilar o índice toponomástico, trabalho que lhe tomou por nove meses e, ao fim do qual, a título de remuneração, ficou com o ambicionado livro. Será de posse desse precioso volume que o secretário florentino, na maturidade, escreverá sua mais relevante obra no campo da teoria política: *Discursos sobre a primeira década de Tito Lívio*, que eleva-se sobre *O príncipe* – seu escrito mais popular –, como texto de grande rigor intelectual e que enfeixa o conjunto de seu pensamento político, no qual expõe sua predileção republicana[23].

Nicolau iniciou seus estudos, em 6 de maio de 1476, aos 7 anos sob o magistério de um tal Matteo, com quem, a fim de familiarizar-se com os primeiros elementos da língua latina, passou a ler Donatello. No ano posterior, estudou com outro professor de gramática, Battista da Poppi, na Igreja de São Benito e, aos 11 anos, sob a batuta de Paolo da Ronconciglione, já disserta em latim. Malgrado as dificuldades, obteve uma boa educação, sendo, além do latim, versado em retórica. Seu poeta preferido era Virgílio, travando contato também com os historiadores do período clássico, Tucídides, Tácito e o já citado Tito Lívio. Entre os modernos dedicava-se à leitura de Dante, Petrarca e Boccaccio.

O ano do nascimento de nosso autor marca também a chegada ao poder, em Florença, de Lourenço, O Magnífico, que conseguiria, após a conspiração dos Pazzi, em 1478, edificar, por meio de sua habilidade diplomática, uma paz provisória que não sobreviveria à sua morte, em 1492.

---

23. RIDOLFI, R. Op. cit., p. 18-19. Cf. tb. VIROLI, M. *O sorriso de Nicolau* – História de Maquiavel. São Paulo: Estação Liberdade, 2002, p. 21 [Trad. de V.P. Silva].

Seu sucessor, Piero de Medici, demonstrou grande incapacidade para conduzir os negócios do Estado, vindo a governar por apenas dois anos, ao fim dos quais viu seu governo soçobrar ante a incursão do rei francês Carlos VIII sobre o território italiano. Deve-se salientar que, mesmo antes da morte de Lourenço, a autoridade dos Medici – sempre ornada com luxo e pompa, requintes que teriam levado a cidade à corrupção dos costumes e à decadência religiosa – vinha sofrendo ataques violentos por parte do frade dominicano Girolamo Savonarola, que voltara ao território florentino em 1490. Com a invasão de Carlos VIII e a consequente queda de Piero, o religioso passa a dirigir a cidade, edificando um governo de maior participação popular.

Após quatro anos no poder – tendo sido responsável pela transformação do antigo Conselho do Povo em uma assembleia mais aberta, o Conselho Maior, e, portanto, legando aos florentinos uma estrutura institucional mais democrática –, Savonarola, depois de enfrentar oposições internas, principalmente por parte daqueles que não aceitavam a fanatização da cidade – cada vez mais tomada pelo fervor espiritual –, como também do lado dos banqueiros, comerciantes e dos pró-Medici descontentes com a ingerência cada vez mais acentuada em seus negócios; e oposições externas – haja vista seus ataques à vida pecadora do Papa Alexandre VI, Rodrigo Bórgia – termina por ser apeado do poder, julgado e condenado à morte, sendo enforcado e, depois, queimado no dia 23 de maio de 1498[24].

O trágico destino do fanático Savonarola coincidiu com o início da carreira de Maquiavel. Cinco dias depois da execução do frade, dia 28 de maio de 1498, nosso pensador é indicado como secretário da Segunda Chancelaria pelo Conselho dos Oitenta, sendo sua nomeação ratificada em 19 de junho pelo Conselho Maior[25].

---

24. Cf. RIDOLFI, R. Op. cit., p. 19. • VIROLI, M. Op. cit., p. 21-24. • LARIVAILLE, P. Op. cit., p. 29-31.

25. Cf. VIROLI, M. Op. cit., p. 46.

Até hoje permanece um mistério a causa que teria levado o Conselho dos Oitenta e o Conselho Maior a elevarem um jovem, que não era doutor em leis nem tabelião, nem havia se destacado por méritos literários especiais, ao posto de segundo chanceler da República. Sabe-se que, em fevereiro daquele ano, ele havia entrado em concurso e sido escrutinado para um cargo de pequena importância na Chancelaria, porém, com a morte de Savonarola e a ruína de seus seguidores, entre os quais estariam seus concorrentes mais fortes, o caminho ficara livre. Conjectura-se que Marcello Adriani que, com a mudança do governo, passara a ocupar o cargo de primeiro chanceler, teria contribuído para a escolha de Maquiavel[26], pois, segundo Ridolfi, Adriani teria sido mestre do florentino, não sendo desproposidata a versão de que Nicolau teria frequentado suas aulas na Universidade de Florença (Studio di Firenze)[27].

Não é tão simples, como aparece em algumas biografias, isolar, de forma precisa, as atribuições da Segunda Chancelaria, órgão do qual o secretário florentino era chefe. A questão é que suas funções estavam bastante entretecidas às da Primeira; no entanto, pode-se dizer que, enquanto esta tratava dos assuntos e documentação externos, aquela cuidava dos assuntos internos e da guerra, havendo tempos em que os encargos de ambas variavam e se cruzavam. Com o passar dos anos, a Segunda Chancelaria fundiu-se com a Comissão dos Dez – encarregada dos assuntos ligados à guerra –, daí porque, costumeiramente, vemos o nome de Maquiavel associado a este órgão[28].

De 1498 a 1512 foram quatorze anos dedicados intensamente aos assuntos políticos, ao longo dos quais nosso autor

---

26. Cf. SKINNER, Q. *Maquiavel*: pensamento político. São Paulo: Brasiliense, 1998, p. 18 [Trad. de M.L. Montes]. • RIDOLFI, R. Op. cit., p. 34.

27. Cf. RIDOLFI, R. Op. cit., p. 34-35.

28. Ibid., p. 36.

realizou várias e importantes missões ao exterior tratando de questões cruciais para o governo florentino. Ressalve-se que nessas legações não ostentava o posto de embaixador principal: o *orador*, mas o de diplomata de menor projeção, frequentemente um secretário, cuja função era orientar aquele que detinha os plenos poderes.

Sua primeira missão de relevância foi perante a regente da Senhoria de Forli, Caterina Sforza Riario – *madonna* Caterina –, então com 36 anos de idade, e conhecida por sua beleza, força, astúcia e audácia.

Maquiavel deveria, seguindo ordens da Comissão dos Dez, convencer *madonna* Caterina a aceitar a renovação do contrato militar pelo qual o filho dela, Ottaviano Riario, punha-se junto com seus soldados sob o comando de Florença à custa de soldo. Esse tipo de contrato recebia o nome de *condotta*, e aquele que vendia seus serviços em troca de dinheiro chamava-se *condottiero*, chefe militar mercenário. A península estava repleta de *condottieri* que vendiam seus préstimos às cidades em luta. Nosso ilustre diplomata considerava que isso era um verdadeiro problema que deveria ser evitado, pois tais mercenários não se comprometiam com a causa de uma pátria e, não raramente, traíam seus senhores.

Apesar das negociações entre a governante de Forli e a Senhoria[29] de Florença não terem chegado a bom termo, haja vista a não aceitação, por parte da condessa, do baixo soldo pago ao seu filho, além do fato de Florença não ter firmado um pacto escrito de apoio militar com o pequeno principado, o se-

---

29. Órgão executivo máximo de Florença composto por nove priores, dois representantes de cada uma das quatro divisões da cidade mais um nono indicado alternadamente por cada uma das divisões. O nono prior era o gonfaloneiro de Justiça que, em 1502, passa a ser um cargo vitalício, denominando-se, a partir de então, gonfaloneiro vitalício, a fim de conferir mais estabilidade política à cidade. Piero Soderini é eleito para essa posição, então equivalente a do doge veneziano.

cretário florentino iria lembrar-se da corajosa condessa ao narrar um fato que, já na época da missão, era considerado lendário e atestava a ousadia daquela mulher.

> Alguns conspiradores de Forli mataram o Conde Girolamo[30], seu senhor, e prenderam sua mulher e seus filhos, que eram pequenos; eles, achando que não poderiam viver seguros se não tomassem a fortaleza, e como o castelão não queria entregá-la, *madonna* Caterina [...] prometeu aos conjurados que, se a deixassem entrar na fortaleza, mandaria que ela lhes fosse entregue, e que podiam ficar com seus filhos como reféns. Eles, diante dessa promessa, deixaram-na entrar; ela, depois de entrar, do alto das muralhas condenou-os pela morte do marido e ameaçou-os de todas as espécies de vingança. E, para provar que não fazia caso dos filhos, mostrou-lhes a genitália, dizendo que ainda tinha como fazer outros[31].

Todas as suas legações, a exemplo da que empreendeu em Forli, foram-lhe úteis quando da confecção de suas obras imortais. Constituem a "longa experiência das coisas modernas" que, ao lado do "contínuo estudo das antigas"[32], afiaram-lhe o tirocínio para a percepção sagaz dos ardis políticos engendrados pelos grandes homens.

Em 1500 vamos encontrá-lo na corte de Luís XII, rei da França, para tratar de assuntos relativos à guerra de Florença contra Pisa. Naquela ocasião impactou-se com a força de um governo célere como o francês que, de modo diverso de sua

---

30. Conde Girolamo Riario, marido da Condessa Caterina Sforza Riario.

31. MAQUIAVEL, N. *Discursos sobre a primeira década de Tito Lívio*. Livro terceiro. São Paulo: Martins Fontes, 2007, cap. 6, p. 340 TTrad. de M.F.]. • MAQUIAVEL, N. *História de Florença*. Livro oitavo. São Paulo: Martins Fontes, 2007, cap. 34, p. 551-553 [Trad. de M.F.].

32. MAQUIAVEL, N. Dedicatória ao magnífico Lorenzo di Medici. In: MAQUIAVEL, N. *O príncipe*. São Paulo: Martins Fontes, 1998, p. 129 [Trad. de M.J. Goldwasser].

cidade, organizava-se como um bloco monolítico dirigido pela força centralizadora do monarca, ao invés de fiar-se em uma rede complexa de órgãos colegiados como em Florença.

No ano de 1502, assessorando o Cardeal Volterra, foi encontrar-se com César Bórgia, a fim de conhecer suas intenções políticas em relação à sua cidade. Tal encontro impressionou-lhe de modo tão grandioso que, anos depois, ao escrever *O príncipe*, verá no duque[33] a concretização do governante perfeito. Em 1505, na corte de Pandolfo Petrucci, senhor de Siena, presenciou a maneira habilidosa com que o governante procedia no trato com Florença. Dele, ao procurar saber o motivo de tantas escaramuças, ouviu o seguinte: "Desejando cometer o menor número possível de erros, conduzo o meu governo dia a dia, e arranjo meus negócios hora a hora; pois o tempo é mais poderoso que nosso cérebro"[34]. Tal falta de pudor fez-lhe detectar a quinta-essência do pragmatismo político: o homem de Estado deve agir conforme as circunstâncias, variando sua conduta conforme a necessidade, na clara intenção de salvaguardar o interesse de sua pátria. Em 1506 vê a milícia florentina, por ele treinada, desfilar orgulhosa em meio às ruas estreitas de sua cidade, concretizando sua ambição de libertar Florença da necessidade de sempre ter de recorrer a mercenários, a fim de manter seu domínio. Participa de missão junto ao Imperador Maximiliano em 1508; e, durante todo pontificado de Júlio II, acompanha suas ações no intento de engrandecer o Estado papal[35].

Todavia, essa rotina de viagens constantes e trabalho árduo serão interrompidos pelos acontecimentos de 1512.

---

33. Duque Valentino, título de César Bórgia.

34. SKINNER, Q. Op. cit., p. 32.

35. Um relato detalhado dessas legações, além das biografias utilizadas para a confecção desta lição, pode ser encontrado na obra *Escritos sobre Maquiavelo*, de Federico Chabod (cf. CHABOD, F. *Escritos sobre Maquiavelo*. México: Fondo de Cultura Económica, 1994, p. 279-374.

Nesse ano, a fim de expulsar os franceses da Itália, Júlio II alia-se à Espanha que, no mês de agosto, com sua notável infantaria, entra na península, derrota o exército francês e marcha contra Florença, inimiga do papa, destruindo a milícia que Maquiavel havia organizado seis anos antes. Esse fato possibilitará o retorno dos Medici ao comando do Estado.

Com isso, o diplomata florentino é demitido do governo e, depois de preso e torturado, sob a acusação de conspirar contra os novos senhores, é anistiado[36]; decepcionado com seu destino, retira-se para sua propriedade em Sant'Andrea in Percussina localizada treze quilômetros ao sul de Florença e próxima a San Casciano. Lá, como prova de um ócio criativo, passará a refletir sobre a prática política, dando vazão às suas obras principais: *O príncipe*, em 1513; *Discursos sobre a primeira década de Tito Lívio*, que, segundo Chabod[37], foram iniciados antes de *O príncipe*, ainda por volta de 1513, e somente concluídos em 1517; *A mandrágora*, em 1518, a melhor comédia do século XVI, na qual nosso secretário faz refletir a mesma concepção amarga e realista que caracteriza seus textos políticos e históricos; no mesmo ano escreve *Belfagor, O arquidiabo* – fábula do demônio que se casou – seu conto mais famoso; *A arte da guerra*, em 1519; sua única obra política de relevância publicada em vida (1521); em 1520, *A vida de Castruccio Castracani*, mais escrito literário que ensaio biográfico; e nesse mesmo ano inicia a *História de Florença*, que o ocupará até 1525.

Além dessas principais obras, produziu um grande número de outros escritos, tão variados como os acima aludidos. Sobre a intensidade com que escrevia e o aspecto diversificado de seus textos, J.R. Hale aduz-nos o seguinte:

---

[36] A anistia veio por conta da eleição de Giovanni de Medici para o trono de São Pedro, sob o título de Leão X.

[37] Cf. CHABOD, F. Op. cit., p. 41-44.

Pelas fontes literárias e pelos registros dos departamentos governamentais, podemos, portanto, saber bem e por vezes até intimamente, o que aconteceu na Itália e o que pensavam sobre isso os homens. Essas informações são especialmente completas em relação a Florença, e naquela cidade extremamente dada às letras, Maquiavel foi um dos autores prolíficos. Como secretário da Chancelaria, teve de escrever milhares de cartas rotineiras; como organizador da milícia florentina, escreveu mais centenas delas; e, no curso de cerca de 30 missões diplomáticas, redigiu despachos em quantidade suficiente para encher dois grossos volumes. Escreveu, além do conciso O príncipe, três livros extensos: *Discursos sobre a história romana de Tito Lívio*[38], *A arte da guerra* e *História de Florença*. Escreveu três peças e uma novela, além de poemas em número bastante para formar um volume não muito fino, ensaios históricos diversos e comentários políticos suficientes para encher outro[39].

Seu estilo, reflexo de seu temperamento sardônico, era arguto, sagaz, forte, conciso e sarcástico. Esta última característica dá o tom brincalhão de suas peças. No Prólogo de *A mandrágora*, por exemplo, deixa claro que o prêmio esperado, em consequência do espetáculo, é que cada um faça chacota e zombe de tudo que vê ou ouve, e, logo em seguida, adverte que, se alguém quiser calar o autor, tome cuidado porque ele também sabe maldizer[40]. Sua linguagem, na maior parte de seus escritos, é cristalina e pouco afetada, por isso mesmo Francisco de Sanctis, em sua notável *Historia de la literatura italiana*, atribui ao nosso ilustre secretário um lugar de destaque na formação da prosa italiana moderna. Ao

---

38. *Discursos sobre a primeira década de Tito Lívio*. Op. cit.
39. HALE, J.R. *Maquiavel e a Itália da Renascença*. Op. cit., p. 11.
40. Cf. MACHIAVELLI, N. *La Mandragola* – Prologo. In: MACHIAVELLI, N. *Opere* III. Turim: Torino: Einaudi, 1997, p. 142-143.

rejeitar os ornamentos retóricos e os períodos longos, Maquiavel eleva a descrição aguda dos fatos a elemento central de seus escritos principais.

> [...] em *O príncipe*, nos *Discursos*, nas cartas, nos *Informes*, nos *Diálogos sobre a arte militar*, nas *Histórias*, Maquiavel escreve despreocupadamente, absorvido pelas coisas mesmas e com ar de quem julga indigno de sua gravidade correr atrás das palavras e dos períodos. Onde não pensou na forma, revelou-se mestre da forma. E, sem buscá-la, encontrou a prosa italiana[41].

Malgrado o aspecto multifacetado de seus escritos, sem dúvida o livro que sobressai no imaginário dos leitores, devido a toda carga negativa que faz cair sobre o entendimento de suas ideias, é *O príncipe*. Dele teremos a primeira notícia em uma carta endereçada ao embaixador de Florença em Roma, Francesco Vettori. A epístola é emblemática, pois, além de mencionar a confecção de seu opúsculo, revela a malignidade de sua vida fora da Chancelaria. Pela manhã, vai ao seu bosque, onde desperdiça seu tempo ouvindo histórias de lenhadores; à tarde, joga *quattrino* com os amigos em um albergue à beira da estrada; todavia, caída a noite, seu ócio ganha um sentido produtivo. Revela, então, que, ao entrar em seu gabinete, despe-se das roupas gastas do dia e, vestindo-se com trajes nobres, aprofunda-se no estudo dos clássicos, alimentando-se das lições dos antigos. É nesse processo de fina reflexão, em que coteja as ações dos grandes homens da Antiguidade com a observação das coisas modernas, que faz-se ressurgir para a imortalidade.

> E como afirma Dante que não existe ciência sem se reter o que se aprendeu, anotei tudo aquilo que, pelas conversações com os antigos, considerei importante, e compus o opúsculo *De principatibus*[42], onde

---

41. DE SANCTIS, F. *Historia de la literatura italiana*. Buenos Aires: Americalee, 1944, p. 397.

42. Obra que conhecemos como o polêmico *O príncipe*.

aprofundo-me da melhor forma nas meditações sobre este tema, discutindo sobre o que é o principado, quais são suas espécies, como se adquirem, como se mantêm e o motivo pelo qual se perdem[43].

Eis a certidão de nascimento do tão famoso breviário que teria por destino lançar o nome de nosso pensador no rol dos vilões perpétuos da história. Dedicado a Lourenço II, a obra foi por ele recebida com frieza, não tomando, portanto, as medidas necessárias para incorporar Maquiavel ao governo. Caberia a outro livro reaproximá-lo dos Medici: a *História de Florença*, obra encomendada a Nicolau pelo Cardeal Giulio de Medici. O texto iniciado no final de 1520 seria concluído em 1525, ano em que o governo passaria a utilizar novamente os serviços de Maquiavel, embora modestamente, em algumas missões menos importantes.

Contudo, em 1527, já próximo dos governantes de Florença, nosso secretário é tomado de surpresa pela reviravolta política causada pela invasão do rei da França, Francisco I, na península, fato este que levaria a uma nova expulsão dos Medici e à instauração de uma nova República. Esta considerará Maquiavel um traidor por buscar a simpatia dos antigos senhores, o que porá nosso diplomata, mais uma vez, no ostracismo.

Enfermo e deprimido, vem a falecer no dia 21 de junho de 1527, aos 58 anos, na pobreza e distante do poder. Renasceria, no entanto, para a posteridade como o escritor imortal que, sob os auspícios das inovações intelectuais daquele período histórico revolucionário, conduziria a reflexão política a um nível de realismo nunca antes imaginado na história do Ocidente, fundando, assim, o pensamento político moderno.

---

43. Carta de 10 de dezembro de 1513, endereçada ao embaixador de Florença em Roma, Francesco Vettori. In: MAQUIAVELO, N. *Epistolario*: 1512-1527. México: Fondo de Cultura Económica, 1990, p. 134-139.

Segunda lição

A verdade efetiva

Cumpre-nos, aqui, trazer à baila o tema, sempre tão discutido, da metodologia utilizada por Maquiavel em sua obra. De início, faz-se mister salientar que o nosso secretário – longe de construir um sistema filosófico bem ordenado – é um autor intuitivo, cujas ideias refletem sua experiência durante os quatorze anos em que foi chefe da Segunda Chancelaria, além de terem por lastro intelectual a contínua leitura dos historiadores greco-romanos. Não é um filósofo, como corriqueiramente se pensa, mas um pensador que, aferrado ao mundo prático, funda os alicerces de uma nova ciência política.

Como assim? De fato, a ciência política, em seu sentido acadêmico, só virá a triunfar, juntamente com as demais ciências sociais, no século XIX. Contudo, é claro que, aqui, não estamos falando da ciência política como disciplina universitária, mas de uma nova perspectiva na abordagem do fenômeno político em que as lições extraídas da realidade concreta do governo dos Estados elevam-se sobre as teorizações abstratas, carregadas, em si, de conceitos e longos arrazoados.

Maquiavel, portanto, é um observador frio da vida política italiana, para ele decadente, e um cultor das ações dos líderes da Antiguidade, especificamente dos romanos, sempre tão virtuosos e cujos exemplos deveriam servir de guia para os príncipes italianos.

Dessa feita, seu pensamento aparta-se da metafísica e das longas e estéreis discussões medievais para, distante de

31

qualquer tipo de devaneio abstrato, fincar-se, com firmeza incomparável, no solo árido e hostil da política realista. Esse aspecto inovador da obra maquiaveliana é ressaltado por Ernst Cassirer quando, confrontando o nosso diplomata com Galileu, assevera:

> O que Galileu deu no seu *Diálogo* e o que Maquiavel deu no seu *O príncipe* foram realmente "ciências novas". "A minha finalidade", diz Galileu, "é apresentar uma nova ciência tratando de um assunto muito antigo. Não existe na natureza nada mais antigo do que o movimento, sobre o qual há muitos e volumosos livros escritos pelos filósofos; todavia, descobri pela *experimentação* algumas propriedades que valem a pena conhecer e que até agora ainda não foram observadas nem demonstradas". Maquiavel tinha o direito de falar nos mesmos termos do seu próprio livro. Tal como a dinâmica de Galileu se tornou a base de nossa moderna ciência natural, a obra de Maquiavel lançou os alicerces de uma *nova modalidade de ciência política*[44] (grifos nossos).

O secretário florentino, assim, parte da experiência dos acontecimentos que o cercam. Suas análises são, da mesma forma que as ponderações de Galileu, empíricas por excelência. Alçando-se sobre uma filosofia medieval marcadamente dedutiva, nosso autor, como um verdadeiro cientista, chega às suas conclusões induzindo, a partir de uma política real, os modelos de comportamento adequados ao trato correto dos negócios governamentais. Sobre esse tema Bertrand Russell chega a dizer:

> A Renascença, embora não haja produzido nenhum filósofo teórico importante, produziu um homem de suprema eminência na filosofia *política*, Maquiavel. É costume sentir-se a gente chocada por ele, e não há dúvida de que, às vezes, ele é realmente chocante.

---

[44]. CASSIRER, E. Op. cit., p. 161-162.

> Mas muitos outros homens também o seriam, se fossem igualmente livres de hipocrisia. Sua filosofia política é científica e empírica, baseada em sua própria experiência dos assuntos, preocupada em declarar os meios de se chegar a determinados fins, sem se preocupar de saber se tais meios são considerados bons ou maus[45] (grifado no original).

E, em outro lugar, Russell, ainda com mais ênfase, preleciona: "Para sermos justos com Maquiavel, é preciso declarar que ele não defende a vilania como princípio. O seu campo de investigação está além do bem e do mal, assim como as pesquisas de um *físico nuclear*"[46] (grifo nosso). É, de fato, como acentua James Burnham, o método da ciência adaptado à política[47].

Desse modo, nosso autor está sempre tentando correlacionar grupos de fatos a generalizações ou leis; está sempre se perguntando se algo registrado nas obras históricas de Tito Lívio ou Tucídides, ou observado em seu próprio tempo, constitui uma exceção ou, de modo diverso, um modelo de comportamento político[48].

É nítido que, ao se referir constantemente aos grandes governantes de outrora e acreditando que as práticas deles são adequadas à sua época, estabelece linhas de ação a serem seguidas pelos príncipes italianos, o que, em relação ao obscurecimento da verdadeira natureza da política que dominava o medievo, é atitude audaz e moderna. Diante da realidade

---

45. RUSSELL, B. *História da filosofia ocidental*. Livro terceiro. 3. ed. São Paulo: Companhia Editora Nacional, 1968, p. 20 [Trad. de B. Silveira].

46. RUSSELL, B. *História do pensamento ocidental*: a aventura das ideias dos pré-socráticos a Wittgenstein. Rio de Janeiro: Ediouro, 2001, p. 248 [Trad. de L. Alves e A. Rebelo].

47. Cf. BURNHAM, J. *The Machiavellians*: defenders of freedom. Nova York: Freeport, 1970, p. 40 .

48. Ibid. p. 42-43.

de Estados nacionais que, cada vez com mais força libertavam-se das amarras universalistas da Igreja, nosso ilustre diplomata detecta as regras de fogo do cosmos político que devem ser as balizas seguras para aqueles que se lançam à conquista do poder.

Portanto: "Nova é a política, e novo também o *método*. Maquiavel, que nasceu de olhos abertos, manteve-os toda a vida arregalados. Por isso surge como um dos fundadores da *ciência política renascente*, na medida em que substitui à especulação a observação direta e indireta, feita de contactos e leituras"[49] (grifos nossos).

Nova é a política, e Maquiavel, tendo exata consciência disso, ao abordá-la sabe que segue um caminho ainda não trilhado. É o que fica claro no Proêmio ao Livro primeiro dos *Discursos*, quando adverte: "[...] deliberei entrar por um caminho que, *não tendo sido ainda trilhado por ninguém*, se me trouxer enfados e dificuldades, também me poderá trazer alguma recompensa, por meio daqueles que considerarem com humanidade os objetivos deste meu labor"[50] (grifo nosso).

Esta senda ainda não percorrida é o trato experimental dos fenômenos políticos, por isso mesmo o cotejamento de fatos pretéritos com sua vivência diplomática permeia todos os seus escritos. Ao dedicar sua *História de Florença* ao Papa Clemente VII, faz transparecer sua postura empírica ao afirmar: "Visto que Vossa Santidade, Beatíssimo e Santíssimo Padre, quando a fortuna ainda lhe era menor[51], solicitou-me que escrevesse as coisas feitas pelo povo florentino, usei de

---

49. PRÉLOT, M. & LESCUYER, G. *História das ideias políticas* - Vol. 1: Da cidade antiga ao absolutismo do Estado. Lisboa: Presença, 2000, p. 191.

50. MAQUIAVEL, N. *Discursos sobre a primeira década de Tito Lívio*. Op. cit. Livro primeiro, Proêmio, p. 5.

51. Maquiavel realça o fato da obra ter-lhe sido encomendada pelo Cardeal Giulio de Medici antes que este se tornasse o Papa Clemente VII.

toda diligência e arte que me foram dadas pela natureza e pela *experiência*, para satisfazer-lhe"[52] (grifo nosso).

Essa experiência, no entanto, deve ser alimentada a todo tempo, segundo o florentino, pela leitura dos clássicos, a fim de que estes possam, como luzeiro maior, guiar os passos dos governantes em meio às turbulências que assolam os Estados, conferindo-lhes a sabedoria necessária para, em pleno curso dos acontecimentos, adotarem o procedimento acertado para a boa ordenação daqueles. Voltemos, então, ao Proêmio dos *Discursos*, em que esse tema, o do respeito que se deve prestar à Antiguidade, é tratado de forma primorosa.

> [...] vejo que nos litígios civis que surgem entre cidadãos, ou nas doenças nas quais os homens incorrem, sempre se pode recorrer a julgamentos ou remédios que pelos antigos foram proferidos ou ordenados: porque as leis civis nada mais são que sentenças proferidas pelos antigos jurisconsultos, sentenças que, ordenadas, ensinam nossos jurisconsultos a julgar. E a medicina ainda não vai além das experiências feitas pelos antigos médicos, que servem de fundamento aos juízos dos médicos do presente. No entanto, na *ordenação das repúblicas*, na *manutenção dos estados*, no *governo dos reinos*, na *ordenação das milícias*, na *condução da guerra*, no *julgamento dos súditos*, na *ampliação dos impérios*, não se vê príncipe ou república que recorra aos exemplos dos antigos. E creio que isso provém não tanto da fraqueza à qual a atual religião conduziu o mundo, ou do mal que um ambicioso ócio fez a muitas regiões e cidades cristãs, quanto do fato de não haver verdadeiro conhecimento das *histórias*, de não

---

52. MAQUIAVEL, N. Dedicatória ao Santíssimo e Beatíssimo Padre, Senhor nosso, Clemente VII. In: MAQUIAVEL, N. *História de Florença*. Op. cit., p. 3.

> se extrair de sua leitura o sentido, de não se sentir nelas o sabor que têm[53] (grifos nossos).

Seu amor aos fatos, antigos e modernos, que devem ser o objeto único de reflexão para aquele que almeja entender o proceder político, é realçado, também, em *A arte da guerra* quando, depois de criticar a vida militar de sua época, diz: "E julgando eu, pelo que *vi* e *li*, que não é impossível reconduzi-la (a arte da guerra) aos antigos modos e devolver-lhe alguma forma da antiga *virtù*, deliberei, para não passar este meu tempo de ócio sem fazer coisa alguma, escrever o que entendo sobre a arte da guerra, para satisfação dos amantes das antigas ações"[54] (grifos nossos).

Há, destarte, que ligar o presente ao passado para que aquilo que é observado não se mostre efêmero, mas, diversamente, seja duradouro, consolidando-se em regras perenes que descrevam o universo político. Assim, podem-se estabelecer padrões a serem seguidos, bem como leis que revelem a essência do poder. Todavia, é lícito perquirir: os fatos do passado não só devem ser analisados dentro de um contexto? Como poderiam servir de exemplo, haja vista as peculiaridades de cada época? A questão é que, para nosso chanceler, o homem é o mesmo desde sempre, reagindo da mesma maneira às mesmas adversidades. Se é assim, a história comporta uma circularidade em que a conduta dos antigos – sob circunstâncias equivalentes às do presente – reflete, como um espelho, os lineamentos universais que orientam o agir político.

> Motivo por que infinitas pessoas que as leem (as histórias) sentem prazer em ouvir a grande variedade de acontecimentos que elas contêm, mas não pensam em imitá-las, considerando a imitação não só

---

53. MAQUIAVEL, N. *Discursos sobre a primeira década de Tito Lívio*. Op. cit. Livro primeiro, Proêmio, p. 6-7.

54. MAQUIAVEL, N. *A arte da guerra*. São Paulo: Martins Fontes, 2006, p. LXXVIII-LXXIX [Trad. de M.F.].

difícil como também impossível; *como se o céu, o sol, os elementos, os homens tivessem mudado de movimento, ordem e poder, distinguindo-se do que eram antigamente*[55] (grifo nosso).

Ainda nos *Discursos*, de forma mais saliente, acentua essa constância inabalável que rege a natureza humana, quando, no cap. 39 do Livro primeiro, aduz-nos o seguinte:

> Quem considere as coisas presentes e as antigas verá facilmente que são sempre os *mesmos* os *desejos* e os *humores* em todas as cidades e em todos os povos, e que eles sempre existiram. De tal modo que quem *examinar* com diligência as *coisas passadas* facilmente *preverá* as *futuras*, em qualquer república, *prescrevendo* os *remédios* que foram *usados* pelos *antigos*; ou, se não encontrar remédios já usados, pensará em novos devido à *semelhança dos acontecimentos*[56] (grifos nossos).

Dessa maneira, seguindo as teorias do historiador grego Políbio, observa ser o tempo cíclico e os acontecimentos históricos permutáveis. "Isso ocorre porque, tendo sido feitas pelos *homens*, que *têm e sempre tiveram as mesmas paixões, tais coisas* (as coisas do mundo) *só poderão, necessariamente, produzir os mesmos efeitos*"[57] (grifos nossos). Destarte, não indo além das cercanias da história, os fatos lhe bastam, sendo experimental e desbravadora sua análise sobre a política. Não cuida, pois, de lógica abstrata nem de contemplações vazias, centrando-se na realidade dos fatos políticos de forma objetiva. Isto é, para ele não cabe ao estudioso a idealização de governos justos, como na tradição normativa do medievo e da Antiguidade, mas, sim, a investigação fria da política como sendo o

---

55. MAQUIAVEL, N. *Discursos sobre a primeira década de Tito Lívio*. Op. cit. Livro primeiro, Proêmio, p. 7.
56. Ibid., cap. 39, p. 121.
57. Ibid. Livro terceiro, cap. 43, p. 445.

estudo dos conflitos pelo poder. Trata-se, como salienta De Sanctis, de entrever na obra de Maquiavel, uma física social, um conjunto de leis que rege não só o indivíduo, mas, também, a sociedade e o gênero humano[58].

Esse ponto de mutação metodológico, em relação às obras dos escritores medievais, aparece explícito em *O príncipe*, no cap. XV, de forma incisiva e pujante:

> Resta agora ver como deve comportar-se um príncipe para com seus súditos ou seus amigos. Como sei que muitos já escreveram sobre este assunto, temo que, escrevendo eu também, seja considerado presunçoso, sobretudo porque, ao discutir esta matéria, *me afastarei das linhas traçadas pelos outros*. Porém, sendo meu intento escrever algo *útil* para quem me ler, parece-me mais conveniente procurar a *verdade efetiva da coisa* do que uma *imaginação* sobre ela. Muitos *imaginaram* repúblicas e principados que *jamais foram vistos* e que nem se *soube se existiram na verdade*, porque há *tamanha distância entre como se vive e como se deveria viver, que aquele que trocar o que se faz por aquilo que se deveria fazer aprende antes sua ruína do que sua preservação*; pois um homem que queira fazer em todas as coisas profissão de bondade deve arruinar-se entre tantos que não são bons. Daí ser necessário a um príncipe, se quiser manter-se, *aprender a poder não ser bom e a se valer ou não disto segundo a necessidade*[59] (grifos nossos).

Logo, ante uma tradição que põe o *dever ser* político acima dos desígnios *reais* (da *verdade efetiva*) de quem busca – contra as mais funestas investidas – manter o poder, o secretário florentino, invertendo o paradigma, faz realçar que é a *necessidade política* a verdadeira viga que sustenta os Esta-

---

58. Cf. DE SANCTIS, F. Op. cit., p. 438.
59. MAQUIAVEL, N. *O príncipe*. Op. cit., cap. XV, p. 73.

dos. Eis a verdade que poucos querem ouvir e que funda a ciência política moderna: os fenômenos políticos obedecem às suas próprias leis. Dessa forma, convém escrever algo de utilidade prática, fruto da honestidade observacional que cerca a atividade do cientista, ao invés de, imbuído de um idealismo ético, tratar de Estados utópicos que emergem de procedimentos mentais abstratos e pouco produtivos. Maquiavel "[...] é assim um inovador e, à sua maneira, um revolucionário: ele é, sem dúvida, 'o primeiro analista moderno do poder'. Ou, como já alguém lhe chamou, 'o Cristóvão Colombo da política', pois descobre um mundo novo – o da política tal como ela é, e não como ela deveria ser"[60].

---

60. AMARAL, D.F. *História das ideias políticas*. Vol. I. Coimbra: Almedina, 1999, p. 200-201.

Terceira lição
Pessimismo antropológico

Em toda a sua obra, Maquiavel apresenta uma visão pessimista acerca da natureza humana. Para ele, o homem é mau, carregado de ambições e de desejos que busca, a todo custo, satisfazer. Tal postura acentua o teor realista de seus escritos, seguindo uma linha totalmente diversa de pensadores idealistas, estes, sem dúvida, portadores de um credo otimista sobre o homem, haja vista, por exemplo, a concepção de natureza humana com a qual nos depararemos, séculos depois do florentino, na obra de um Rousseau.

Todavia, o secretário florentino não analisa o proceder dos homens sob um viés metafísico, mas, como já colocamos na lição anterior sobre sua metodologia, por meio de constatações empíricas. Ou seja, as ações concretas dos indivíduos não lhes permitem sonegar ao investigador suas verdadeiras essências.

George Sabine, sobre o tema, considera, em sua *Historia de la Teoría Política*, que, por trás de quase tudo dito por Maquiavel a respeito da política prática, remanesce a crença de que a natureza humana é, essencialmente, egoísta e de que os motivos concretos nos quais tem que apoiar-se um estadista, como, por exemplo, o desejo de segurança das massas e o desejo de poder dos governantes, são desse tipo. O governo se funda, em realidade, na debilidade e insuficiência do indivíduo, que não é capaz de proteger-se contra a agressão de outros indivíduos, a não ser que tenha o apoio do poder do Estado. Além do mais, a natureza humana é profundamente agressiva e ambiciosa, fazendo com que os homens aspirem a conservar o que têm e a adquirir mais[61].

O Estado e o poder, portanto, fundam-se nessa essência perversa do homem[62], não sendo Deus a fonte do poder tampouco do surgimento do Estado, tendo estes como causa os egoísmos humanos, que, conflitando-se, tornam o mando imprescindível para ordenar a vida social. Assim, os homens – que se deixam guiar, apenas, por suas conveniências externas, rompendo-as sempre que encontram vantagens em outra parte[63] – não têm como ocultar sua real natureza, vindo sempre a manifestá-la mais cedo ou mais tarde, bastando conhecer a história para apreender essa verdade indelével.

> Como demonstram todos aqueles que discorrem sobre a vida civil e todos os exemplos de que estão cheias todas as histórias, quem estabelece uma república e ordena suas leis precisa pressupor que todos os *homens são maus* [...] e que usarão a malignidade de seu ânimo sempre que para tanto tiverem ocasião; e, quando alguma maldade se ocultar por algum tempo, assim procede por alguma razão oculta que não se conhece porque não se teve experiência do contrário; mas essa razão um dia é posta a descoberto pelo tempo, que, segundo dizem, é o pai da verdade[64] (grifo nosso).

Ainda nos *Discursos*, ao narrar a pusilanimidade de Giovampagolo Baglioni, incestuoso e notório parricida, diante do Papa Júlio II, quando este o confrontou em Perúgia, sentencia: "[...] conclui-se que os homens não sabem ser maus

---

61. Cf. SABINE, G.H. *Historia de la Teoría Política*. México: Fondo de Cultura Económica, 1991, p. 257.

62. Cf. HEBECHE, L.A. *A guerra de Maquiavel*. Ijuí: Unijuí, 1988, p. 70.

63. Cf. HOLSTEIN, G. *Historia de la filosofía política*. Madri: Instituto de Estudios Politicos, 1969, p. 188-189.

64. MAQUIAVEL, N. *Discursos sobre a primeira década de Tito Lívio*. Op. cit. Livro primeiro, cap. 3, p. 19-20.

com honra nem bons com perfeição, e que, quando uma maldade tem em si grandeza ou é parcialmente generosa, eles não sabem praticá-la"[65].

A questão é que o diplomata florentino, apesar de toda a crueldade de Giovampagolo, considerava que, naquela situação específica, o governante de Perúgia poderia ter eliminado o Papa Júlio II, o que – em face da corrupção e decadência, em que se encontravam os Estados italianos, provocadas, segundo nosso autor, pelas práticas da Igreja – seria considerado como ato de coragem e traria a admiração de todos. Seria, portanto, uma crueldade bem empregada[66].

No famoso cap. XVII de *O príncipe*, em que se propõe a pergunta sobre se a um príncipe é melhor se fazer amar ou se valer pelo temor, seu pessimismo ganha ênfase, ao dizer: "[...] geralmente se pode afirmar o seguinte acerca dos homens: que são *ingratos*, *volúveis*, *simulados*, *dissimulados*, *fogem dos perigos*, *são ávidos de ganhar* e, enquanto lhes fizeres bem, pertencem inteiramente a ti, te oferecem o sangue, o patrimônio, a vida e os filhos, como disse acima, desde que o perigo esteja distante; mas, quando precisas deles, revoltam-se"[67] (grifos nossos).

Em sua peça *Clizia* faz as qualidades negativas dos homens aparecerem de forma bem saliente, quando afirma: "Qualquer homem, e mais ainda os jovens, gosta de conhecer a *avareza* de um velho, e furor de um apaixonado, as *mentiras* de um servo, a *ganância* dos parasitas, a *miséria* de um pobre e a *ambição* de um rico, os *artifícios* de uma prostituta, a *pouca fé* de todos os homens"[68] (grifos nossos).

---

65. Ibid., cap. 27, p. 90.

66. Maquiavel define a crueldade bem empregada como aquela que é praticada de uma só vez (cf. MAQUIAVEL, N. *O príncipe*. Op. cit., cap. VIII, p. 41).

67. Ibid., cap. XVII, p. 80.

68. MACHIAVELLI, N. Clizia – Prólogo. In: *Opere* III. Op. cit., p. 195.

No cap. oitavo de seu poema *O asno de ouro* (*L'asino*) é oferecida a alguém, que havia se transformado em porco, a oportunidade de voltar a sua condição humana, porém a pessoa rejeita dizendo:

> Um porco a outro não prejudica,
> Nem um cervo a outro: somente o homem
> A outro homem *mata, crucifica e espolia*[69] (grifos nossos).

É desnecessário prosseguir[70], o que, com certeza, entediaria o leitor. Entretanto, malgrado toda essa degradação da alma humana apresentada por Maquiavel, convém ressaltar que, paradoxalmente, o nosso segundo chanceler, ostenta, em vários trechos de seus escritos, uma profunda crença na edificação de uma sociedade virtuosa[71]. Isto é, apesar de toda a ambição, os homens são capazes de construir boas instituições. É muito comum perceber isso quando, em diversos lugares de sua obra, deixa claro que o norte para a ação do governante é o bem comum.

> E é realmente admirável ver a grandeza a que chegou Atenas em cem anos, depois que se libertou de Pisístrato. Mas é de admirar acima de qualquer coisa a grandeza a que chegou Roma depois que se libertou de seus reis. É fácil entender a razão, pois o que engrandece as cidades não é o bem individual, e sim o *bem comum*[72] (grifo nosso).

---

69. MACHIAVELLI, N. L'asino. Capítulo oitavo. In: *Opere* III. Op. cit., p. 78.

70. Remetemos o leitor a, por exemplo, *O príncipe*. Op. cit., cap. XVIII, p. 84; XXIII, p. 115. • *Discursos*. Op. cit. Livro primeiro, cap. 42, p. 131. • *História de Florença* – Proêmio. Op. cit., p. 10.

71. Cf. MOSSINI, apud BIGNOTTO, N. *Maquiavel republicano*. São Paulo: Loyola, 1991, p. 172. • MOUNIN, G. *Maquiavel*. Lisboa: Ed. 70, 1984, p. 26.

72. MAQUIAVEL, N. *Discursos sobre a primeira década de Tito Lívio*. Op. cit. Livro segundo, cap. 2, p. 187.

Parece contraditório! Pois, se os homens são maus, como poderiam construir Estados que realizassem o bem público? A resposta está no fato de que a oposição de interesses[73] – sendo bem ordenada como o foi na República Romana, tão admirada por nosso florentino – permite que as *ambições* em luta engendrem as boas leis que, por sua vez, propiciam o interesse coletivo. Ou seja, os *tumultos* são de suma importância para a grandeza de qualquer povo, são imprescindíveis os antagonismos para obstar a edificação de regimes tirânicos. Todavia, as oposições devem ser bem ordenadas como, com êxito, fez a República Romana, onde havia equilíbrio entre as forças da plebe e do Senado. Caso esse equilíbrio não seja conseguido, as lutas políticas de facção são nocivas, pois corrompem o Estado, é o que Maquiavel demonstra ter ocorrido com sua cidade natal em seu último grande livro *História de Florença*.

Se as *dissensões* bem ordenadas são positivas, então poderíamos afirmar que Maquiavel não é tão *absolutista* quanto se pensa? Ou melhor, seria um *republicano*? Isso é o que veremos na décima lição deste livro.

---

73. Ibid. Livro primeiro, cap. 4, p. 21-22. Não há passagem em que se perceba mais o espírito republicano de Maquiavel que nesta. Defende claramente que as dissensões, quando bem ordenadas, antes promovem as liberdades e a grandeza da República que a sua extinção. Na décima lição voltaremos ao tema de forma detalhada, buscando descrever a opção republicana de nosso autor.

Quarta lição

A concepção de história de Maquiavel

Para Maquiavel, a vida política não se consubstancia como algo estático, sendo o governo dos Estados suscetível a constantes mudanças que o levam da ordem à corrupção em um processo repetitivo, logo cíclico, em que o conhecimento do passado nos leva ao aprendizado sobre o presente e o futuro. Esse padrão repetitivo, de transformações contínuas, expressa o núcleo mais ou menos permanente da natureza humana, cuja instabilidade e apetite desenfreado pelo poder conduzem à transitoriedade dos governos[74].

> Há uma sentença dos escritores antigos, segundo a qual os homens costumam *afligir-se no mal e enfadar-se no bem*, nascendo dessas duas paixões os mesmos efeitos. Porque, sempre que os homens não precisam combater por necessidade, combatem por ambição; e esta é tão poderosa no peito humano que nunca, seja qual for a posição atingida, o homem a abandona. A razão disso é que a natureza criou os homens de tal modo que eles podem desejar tudo, mas não podem obter tudo, e, assim, sendo o desejo sempre maior que o poder de adquirir, surgem o tédio e a pouca satisfação com o que se possui. Daí nasce a variação da fortuna deles: porque, visto que os homens são desejosos, em parte porque querem

---

74. Cf. BURNHAM, J. Op. cit., p. 62-63.

ter mais, em parte porque temem perder o que conquistaram, chegam à inimizade e à guerra, da qual decorre a ruína de uma província e a exaltação de outra[75] (grifo nosso).

É essa ambição desmedida, característica do homem, a causa da variação das formas de governo e do caráter circular da história. Nesse ponto, o secretário florentino segue as lições do historiador grego Políbio que, em sua *História*, afirma: "É fácil efetivamente relatar fatos conhecidos e é cômodo predizer o futuro consultando o passado"[76]. Em seguida, Políbios passa a relatar o inevitável ciclo por que passam as constituições[77], afirmando que – além das três espécies puras: monarquia, aristocracia e democracia – existem os modelos corrompidos: autocracia, oligarquia e oclocracia[78], que se alternam com os governos puros em um círculo interminável, guiando, assim, a vida dos Estados. Essa teoria das transformações naturais das diferentes formas de constituição já havia sido exposta em detalhes por Platão, contudo Políbio a simplifica e articula a ideia de que a força de Roma estava em ter equilibrado os elementos preponderantes das formas boas de governo, dando nascimento a uma constituição mista[79]. Desse modo, "[...] o poder real ficaria a salvo da arrogância por temor do povo, ao qual seria dada uma participação suficiente no governo, e o povo por seu turno não ousaria tratar os reis com desdém por temor dos anciãos do Conselho que,

---

75. MAQUIAVEL, N. *Discursos sobre a primeira década de Tito Lívio*. Op. cit. Livro primeiro, cap. 37, p. 112-113.

76. POLÍBIO. *História*. Livro VI. 2. ed. Brasília: UnB, 1996, cap. 3, p. 326 [Trad. de M. Gama Kury].

77. A palavra designa, aqui, as formas de governo, não tendo o sentido moderno de Constituição, norma suprema de um Estado.

78. Expressão utilizada por Políbio para se referir ao governo anárquico das massas.

79. Cf. POLÍBIO. Op. cit., Livro VI, cap. 3 a 10, p. 326-332.

sendo selecionados entre os melhores cidadãos, estariam todos sempre do lado da Justiça"[80].

No cap. 2 do Livro primeiro dos *Discursos*, Maquiavel recepciona apenas parcialmente essa concepção polibiana da história, uma vez que, como veremos a seguir, não aceita integralmente a ideia do eterno retorno, consignando que nenhuma República pode durar tanto ao passar de forma contínua por tantas transformações: "[...] e esse é o ciclo segundo o qual todas as repúblicas[81] se governaram e governam, mas raras vezes *retornam* aos mesmos governos, porque quase nenhuma república pode ter tanta vida que consiga passar muitas vezes por tais mutações e continuar de pé"[82] (grifo nosso).

Mesmo assim, mais adiante, chega ao mesmo resultado que Políbio sobre o governo misto: Roma – embora não tenha tido um legislador que lhe ordenasse o viver livre por longo tempo –, devido aos acontecimentos turbulentos de sua história, provocados pela desunião entre a plebe e o Senado, chegou, pela força do acaso, a um modelo constitucional em que o poder régio, encarnado nos cônsules, contrabalançava-se com a tradição aristocrática do Senado e com a força do governo popular, encabeçado pelos tribunos[83].

Dessa forma, a corrupção é algo sempre presente na vida dos Estados, isto é, à ordem segue-se, necessariamente, a degeneração que, em contrapartida, termina por criar o ambiente para a edificação de uma nova ordem.

---

80. Ibid., cap. 10, p. 332.

81. A palavra é utilizada, aqui, no sentido de Estados.

82. MAQUIAVEL, N. *Discursos sobre a primeira década de Tito Lívio*. Op. cit. Livro primeiro, cap. 2, p. 17.

83. Ibid., p. 18-19. Na nona lição voltaremos ao tema com mais detalhes, quando discorreremos sobre a teoria maquiaveliana das formas de governo.

> As províncias, na maioria das mudanças que sofrem, costumam sair da ordem e entrar na desordem, para depois passarem de novo da desordem à ordem; porque, não permitindo a natureza que as coisas mundanas tenham parada, quando elas chegam à sua máxima perfeição, não podendo subir mais, é mister que desçam; e, assim também, depois de descerem e pelas desordens chegarem à máxima baixeza, como já não podem descer, haverão necessariamente de subir, e, assim, sempre se desce do bem ao mal, e do mal se sobe ao bem. Porque a *virtù* gera a tranquilidade, a tranquilidade gera o ócio; o ócio, a desordem, e a desordem, ruína; de modo semelhante, da ruína nasce ordem, da ordem, a *virtù*; desta, a glória e a boa fortuna[84].

Segundo Bignotto, apesar de nosso secretário aderir, em parte, ao pensamento de Políbio, não se pode olvidar a fragilidade que caracteriza a construção teórica do historiador grego, pois, ao retomar a imagem do círculo, ele simplifica ao máximo sua visão do desenvolvimento dos acontecimentos singulares. Diferente de Platão e Aristóteles, que recorriam à imagem do círculo para estudar os fenômenos físicos, Políbio, amesquinhando a ideia, a aplica para descrever as transformações sociais como se fossem fenômenos que pudessem ser comparados às mudanças da natureza[85].

Destarte, diante de tal simplificação, só se pode compreender a importância que a *História* de Políbio teve para toda a Renascença italiana, bem como para Maquiavel, se atentarmos para o fato de que ela ofertou uma saída para o problema da corrupção que tanto desesperava os humanistas – marcadamente os florentinos – empenhados que estavam em salvar a República dos efeitos danosos do tempo. Essa saída seria a adoção de uma constituição mista[86].

---

84. MAQUIAVEL, N. *História de Florença*. Op. cit. Livro quinto, cap. 1, p. 281.
85. BIGNOTTO, N. *Maquiavel republicano*. Op. cit., p. 178.
86. Ibid., p. 179.

Portanto, na trilha de Bignotto, entendemos que Maquiavel aceita a teoria do caráter cíclico dos governos para introduzir, na *História de Florença*, um tema para ele crucial: a problemática da corrupção[87].

Em 8 de novembro de 1520, Maquiavel recebe a encomenda dos Medici para escrever a história da cidade, fato que, por si só, destoa da tradição, pois os seus predecessores, na função de historiadores da República, haviam escrito suas obras pela honra da tarefa, sem nada receber.

Ao iniciar a empreitada, o secretário florentino age com cautela. Sua *História* fora encomendada pelos novos senhores de Florença, a Família Medici, cujo retorno ao poder, em 1512, havia arruinado sua carreira. Por isso, como ardoroso republicano que era, para não levantar suspeitas, Maquiavel decidiu, ao menos no que tange à forma de seu texto, seguir a tradição, uma tradição que combinava os escritores gregos e romanos com os humanistas do *Quattrocento*. Todavia, como acentua Bignotto: "[...] as graves divergências que caracterizam toda sua obra não puderam ser atenuadas pelo emprego da retórica clássica e pelo uso de fontes conhecidas por todos. Podemos estar certos, assim, de que toda análise das *Histórias florentinas* terá de enfrentar o problema de descobrir por detrás de uma apresentação *tradicional*, um conteúdo *revolucionário*[88] (grifos nossos).

Esse tema revolucionário é o dos conflitos internos vividos em Florença, os quais haviam propiciado a corrupção da cidade. Essa problemática aparece no Proêmio da *História de Florença* quando, criticando a tradição, o diplomata florentino afirma:

> Quando deliberei escrever as coisas feitas pelo povo florentino, dentro e fora de Florença, minha intenção era começar a narração pelo ano de 1434 da Era

---

[87]. Ibid., p. 182.
[88]. Ibid., p. 186.

> Cristã, quando a família dos Medici, graças aos méritos de Cosimo e de Giovanni, seu pai, ganhou mais autoridade que qualquer outra em Florença; isso porque me parecia que *messer* Lionardo d'Arezzo e *messer* Poggio[89], dois excelentes historiadores, já haviam narrado, com particularidades, todas as coisas sucedidas até aquele ano. Mas, depois de ler diligentemente seus escritos, para ver com que ordem e de que modo procediam, a fim de que, imitando-os, nossa história recebesse melhor aprovação dos leitores, percebi que foram muitíssimo diligentes na descrição das guerras travadas pelos florentinos contra os príncipes e os povos estrangeiros, mas que, no que se refere às *discórdias civis e às inimizades internas*, bem como aos seus efeitos, eles calaram de todo uma parte e descreveram a outra com tanta brevidade que nela os leitores não podem encontrar utilidade nem prazer algum[90] (o último grifo é nosso).

O nosso Segundo Chanceler ataca Bruni e Poggio, afirmando que teriam relegado a um segundo plano os conflitos internos, tratando principalmente das coisas da guerra. Maquiavel sabia, contudo, que não era bem assim. Bruni, ao escrever sua *História*, havia tratado do tema das dissensões internas, entretanto, ao fazê-lo, abordava o problema a partir da própria visão que a elite tinha do conflito, enaltecendo a cidade, uma vez que – devido ao embate entre a força popular e a aristocrática – nela (Florença), assim como houvera acontecido na Roma republicana, deveria imperar a liberdade[91].

Todavia, a verdade é que a República Florentina não teve, na gestão dos conflitos, o êxito apresentado por Roma.

---

89. Maquiavel refere-se, respectivamente, aos humanistas florentinos do *Quattrocento*, Leonardo Bruni (1370-1444) e Poggio Bracciolini (1380-1459).
90. MAQUIAVEL, N. *História de Florença*. Op. cit., p. 7.
91. Cf. BIGNOTTO, N. *Maquiavel republicano*. Op. cit., p. 187-189.

Ou seja, a divisão inicial, existente em todas as repúblicas entre a plebe e a aristocracia, deu lugar a uma constante luta de facção. Para Nicolau, isso acontecia por não haver, em sua cidade, leis que regulassem as inimizades na República. Tal disciplinamento das lutas internas havia sido a causa da grandeza da Roma Antiga, um eterno exemplo para os florentinos. Essas leis permitiriam que as inimizades fossem resolvidas com sucesso, não se degradando em cisões partidárias[92].

Pode-se dizer, então, que Maquiavel apropria-se, em parte, da noção da repetitividade da história, tão cara aos humanistas, dando-lhe, todavia, uma nova interpretação. Seu ponto de partida é o da corrupção extrema de sua cidade, causada pelas discórdias mal ordenadas, porém faz da ausência reinante de liberdade uma possibilidade de recomeço. Por ter atingido o nível mais baixo de desenvolvimento, sua Florença deveria caminhar, agora, para um novo ciclo de crescimento ou degradar-se de vez. Fugindo do determinismo medieval, ressalta a importância da ação humana na edificação do destino das cidades, isto é, se o tempo cíclico nos proporciona um paradigma geral para o entendimento da história, ele não pode nos aclarar o particular de cada comunidade. Desse modo, nosso diplomata não recepciona, na sua integralidade, a visão antiga do eterno retorno dos acontecimentos, sendo sua posição, entre os historiadores da Renascença, profundamente original[93].

---

92. Cf. ARANOVICH, P.F. Introdução. In: MAQUIAVEL, N. *História de Florença.* Op. cit., p. XXIII.
93. Cf. BIGNOTTO, N. *Maquiavel republicano.* Op. cit., p. 192-193.

Quinta lição

A íntima relação entre *fortuna* e *virtù*

A relação entre *fortuna* e *virtù* é o eixo central do pensamento de Maquiavel. São os dois conceitos que permeiam toda a sua obra, simbolizando a luta perene entre o homem de ação e os acontecimentos imponderáveis do orbe político. Essa contenda pode ser resumida nas seguintes indagações: pode o governante de *virtù* sobreviver politicamente às variações da *fortuna*? E, caso possa, como deve ele proceder para obter êxito? Primeiramente, é necessário que se clareie o entendimento desses dois polos – *fortuna* e *virtù* – "[...] em torno dos quais giram o sucesso e o insucesso das ações humanas"[94].

A *fortuna* seria, nas especulações dos autores da Antiguidade Clássica e dos contemporâneos de Maquiavel, o acaso, o indeterminado, a boa ou má sorte. Era representada, na Roma Antiga, pela deusa de mesmo nome que, com sua cornucópia, presenteava os homens de *virtù* com seus mais preciosos bens: honra, glória e poder. Entretanto, malgrado todo o seu domínio sobre os acontecimentos humanos, a *fortuna* não era vista como uma força maligna e inexorável, mas como uma *boa deusa* que se deixava seduzir pelos homens valorosos. Logo, na perspectiva clássica, a deusa *Fortuna* distribuía seus presentes de acordo com os méritos humanos, premiando os audaciosos e punindo os

---

94. BIGNOTTO, N. *Maquiavel*. Rio de Janeiro: Zahar, 2003, p. 24.

covardes. Daí o adágio de Virgílio, segundo o qual "a *fortuna* favorece os bravos"[95].

Essa perspectiva clássica, todavia, sofre uma reviravolta com o triunfo do cristianismo, associando-se a *fortuna* a um *poder cego* e incontrolável que, sempre implacável, é a força divina atuando para manter os homens em adoração às glórias do Reino de Deus[96]. Essa concepção cristã é afirmada de modo incisivo por Boécio, que vê na *fortuna* uma força cujo desígnio seria desviar os homens das veredas divinas[97].

O diplomata florentino, um renascentista por excelência, dissocia-se desse viés cristão logo no início do cap. XXV de *O príncipe*, em que discute, de forma mais sistemática que em outros lugares de sua obra, os dois conceitos – *fortuna* e *virtù*.

> Não ignoro que muitos foram e são de opinião de que as coisas desse mundo são governadas pela *fortuna* e por Deus, e que os homens prudentes não se lhes podem opor, e até não têm remédio algum contra elas. Por isso, poder-se-ia julgar que não devemos incomodar-nos demais com as coisas, mas deixar-nos governar pela *sorte*. Esta opinião tem-se reforçado em nossos dias devido às grandes variações que foram e são vistas todos os dias, além de qualquer conjetura humana. Pensando nisto, às vezes me sinto um tanto inclinado a esta opinião: entretanto, já que nosso livre-arbítrio não desapareceu, *julgo possível ser verdade que a fortuna seja árbitro de metade de nossas ações, mas que também deixe ao*

---

95. Cf. BARROS, V.S.C. Maquiavel: sua época, suas ideias e a ditadura de transição. In: ALMEIDA FILHO, A. & BARROS, V.S.C. *Novo Manual de Ciência Política*: autores modernos e contemporâneos. São Paulo: Malheiros, 2008, p. 64.

96. Op. cit.

97. Cf. BOÉCIO. *A consolação da Filosofia*. São Paulo: Martins Fontes, 1998, p. 3-4 [Trad. de William Li].

nosso governo a outra metade, ou quase[98] (grifos nossos).

Dessa feita, marchando contra toda a tradição cristã, nosso autor, rememorando os antigos escritores romanos, estabelece como algo plausível o controle da *fortuna*. Ou seja, o homem de *virtù* saberá agir de modo a conservar seu poder apesar do caráter indeterminado do universo político. Nem sempre terá êxito; na maioria das vezes não vencerá; há, contudo, um campo de ação que estará sob o seu controle, permitindo-o confrontar os humores da sorte. Ainda no cap. XXV, fazendo ressaltar a capacidade humana ante a variação das coisas, utiliza a seguinte analogia:

> Comparo a *sorte* a um desses rios impetuosos que, quando se irritam, alagam as planícies, arrasam as árvores e as casas, arrastam terras de um lado para levar a outro: todos fogem deles, mas cedem ao seu ímpeto, sem poder detê-los em parte alguma. Mesmo assim, nada impede que, voltando a calma, os homens tomem providências, construam barreiras e diques, de modo que, quando a cheia se repetir, ou o rio flua por um canal, ou sua força se torne menos livre e danosa. *O mesmo acontece com a fortuna, que demonstra a sua força onde não encontra uma virtù ordenada, pronta para lhe resistir e volta o seu ímpeto para onde sabe que não foram erguidos diques ou barreiras para contê-la*[99] (grifos nossos).

Mais adiante, tornando ainda mais enfática sua ruptura com a visão cristã a respeito da *fortuna*, comparando-a a uma mulher, Maquiavel, servindo-se de seu habitual cinismo, assusta-nos com a seguinte colocação: "Estou convencido do seguinte: é melhor ser impetuoso do que tímido, porque a fortuna é mulher, e é necessário, para dominá-la, bater-lhe e

---

98. MAQUIAVEL, N. *O príncipe*. Op. cit., cap. XXV, p. 119.
99. Ibid., p. 119-120.

contrariá-la. Vê-se que ela se deixa vencer mais pelos que agem assim do que pelos que agem friamente; e, como mulher, é sempre amiga dos jovens, porque são menos tímidos, mais ferozes e a dominam com maior audácia"[100].

E quanto à *virtù*, o que esta significa?

Virtude ou *virtù*, no italiano de Maquiavel, provém de *vir* que, em latim, significa homem. Assim, para o secretário florentino, *virtù* vincula-se a *valor, capacidade, determinação, energia, engenhosidade* e *proeza*[101]. Dessa maneira, o nosso diplomata não se refere à virtude cristã – empenhada na salvação da alma –, mas à virtude pagã, em que a perfeição do indivíduo conta menos que o resultado obtido. Portanto, como veremos melhor na sétima lição, Maquiavel tinha a convicção de que, ao exaltar os mansos, o cristianismo permitia que o mundo fosse dominado pelos violentos. Logo, em seus escritos, dava mais importância à ética pagã – que visava a autopreservação – que à ética cristã do sacrifício por ele considerada hipócrita[102]. Ou seja, se o mundo é imperfeito, não há eficácia em portar-se como um cordeiro no âmbito político; ao contrário, deve-se agir com astúcia na nítida intenção de assegurar a continuidade do Estado. A sobrevivência do governante, dessa forma, conta mais que a salvação de sua alma. Isto é, almeja-se o resultado e não a excelência individual nas ações políticas. Apesar disso, não se pode asseverar, sem uma certa dose de controvérsia, que a construção intelectual maquiaveliana rejeita totalmente a moral. Rejeita, sim, a moral cristã, mas recebe entusiasticamente a moral pagã, como bem entende Isaiah Berlin em seu famoso ensaio *A originalidade de Maquiavel*:

---

100. Ibid., cap. XXV, p. 122.

101. Cf. KAPLAN, R.D. *Políticos guerreiros*: a arte de liderar ao longo da história da Roma Antiga até hoje. São Paulo: Futura, 2002, p. 82 [Trad. de M.C. Ratto].

102. Ibid., p. 79-80.

> Ele (Maquiavel) está rejeitando a ética cristã, mas em favor de um outro sistema, um outro universo moral – o mundo de Péricles ou de Cipião, ou até do duque de Valentino, uma sociedade atrelada a fins tão últimos quanto a fé cristã, uma sociedade em que os homens lutam e estão dispostos a morrer por fins (públicos) [...]. Não estão escolhendo uma esfera de meios (chamada política) em oposição a uma esfera de fins (chamada moral), mas optam por uma moralidade concorrente (romana ou clássica), uma esfera alternativa de fins. Em outras palavras, o conflito é entre duas moralidades, a cristã e a pagã [...], e não entre as esferas autônomas da moral e da política[103].

A *virtù*, então, está associada, para o segundo chanceler de Florença, à necessidade política. Só agindo com o pragmatismo necessário, o príncipe poderá evitar a ação da *fortuna* contra o seu domínio.

Portanto, podemos responder as duas questões propostas no início desta lição. Sim, para Maquiavel, o homem de *virtù* pode resistir à ação da *fortuna* e dominá-la, entretanto, temos, ainda, que responder a pergunta sobre como isso é possível. A resposta é atemporal, confirmando-se quase como uma regra indelével da política: consiste em agir conforme as conjunturas, adequando sua maneira de proceder aos novos tempos. Tal capacidade de mudar para manter, de se transformar para conservar, só pode ser considerada *virtù*, na medida em que – tendo cada homem uma inclinação natural, na qual persiste sem hesitar – saber a hora certa de variar sua maneira de agir, adequando-se às novas realidades, é uma tarefa tão difícil e tão rara que só cabe aos homens extraordinários.

> Creio ainda que é feliz aquele que combina o seu *modo de proceder* com as *exigências do tempo* e, similarmente, que são *infelizes* aqueles que, pelo seu

---

[103]. BERLIN, I. Op. cit., p. 323-324. Voltaremos a esse tema nas próximas duas lições.

> modo de agir, estão *em desacordo com o tempo*. Pois se pode ver que os homens, no que diz respeito aos caminhos que os conduzem aos fins que perseguem, isto é, glória e riquezas, agem de maneira diversa: um com timidez, outro com impetuosidade; um com violência, outro com arte; um com paciência, outro com o contrário; e cada qual, por meio desses vários modos, poderá alcançar sucesso. Por outro lado, vê-se que, de dois tímidos, um chega ao seu objetivo e outro, não; que dois homens bem-sucedidos adotaram dois modos de agir diferentes, sendo um tímido e outro impetuoso. O que não decorre *por outra razão que não a natureza dos tempos, que se adequam ou não ao proceder*[104] (grifos nossos).

Nos *Discursos*, Maquiavel retoma esse mesmo pensamento, dizendo:

> Já considerei várias vezes que a razão da má e da boa fortuna dos homens vem do ajuste [...] de seu modo de proceder com os tempos: porque se percebe que alguns homens, em suas ações, procedem com ímpeto, e outros com circunspecção e cautela. E como, nesses dois modos, são ultrapassados os limites convenientes, por não se observar a verdadeira via, em ambos se erra. Mas erra menos e tem a fortuna próspera quem, como já disse, *ajusta seu modo aos tempos e sempre procede conforme o força a natureza*[105] (grifo nosso).

Eis, então, o código moral dos príncipes: usar a astúcia para perceber a mudança dos tempos e – visando ao bem-estar da pátria, o que para o nosso florentino é um ponto inegociável – ajustar-se às circunstâncias inesperadas, próprias da

---

104. MAQUIAVEL, N. *O príncipe*. Op. cit., cap. XXV, p. 120-121.
105. MAQUIAVEL, N. *Discursos sobre a primeira década de Tito Lívio*. Op. cit. Livro terceiro, cap. 9, p. 351.

indeterminação do âmbito político, obtendo êxito e salvaguardando a soberania estatal.

Não há, outrossim, uma natureza que sempre redunde em sucesso; ao contrário, este depende da conformidade dela às conjunturas. Logo, quando estas variam, o homem perspicaz, o governante de *virtù*, terá a sensibilidade e grandeza de espírito necessárias para, em plena metamorfose política, transmudar sua natureza, conformando-a a uma nova situação específica. É crucial, no entanto, que seu guia não seja o interesse privado – como no caso de Agátocles Siciliano, citado por Maquiavel no cap. VIII de *O príncipe*, cujos crimes, embora tenham sido de suma importância para a conquista do poder, não caracterizavam *virtù* e não lhe trouxeram glória[106]. Esta só é conseguida se o interesse da pátria – e Maquiavel é um patriota, não nos esqueçamos disso – for posto acima das mesquinharias tão corriqueiras no campo político; e a ação do governante, que se adequa à necessidade do momento, visar ao fim maior de assegurar as liberdades dos cidadãos e a independência do Estado.

---

[106]. MAQUIAVEL, N. *O príncipe*. Op. cit., cap. VIII, p. 38.

Sexta lição

A autonomia da política

Toda a tradição ocidental até Maquiavel tratou das questões relativas à gestão da *polis* sob uma perspectiva normativa, ou seja, a política era investigada a partir do universo moral. Desde a Grécia Antiga, portanto, inúmeros filósofos, ao refletirem sobre os assuntos concernentes à ordem estatal, faziam-no por meio de uma abordagem idealista, tentando prescrever as normas morais para a edificação de uma sociedade justa, ou, de outra forma, voltando-se essencialmente para o dever ser político.

Platão é um nítido exemplo dessa postura normativa em relação ao cosmos político, pois sua conduta, no que se refere aos problemas da *polis*, é a de prescrever regras puramente abstratas para a idealização do Estado perfeito.

Na Idade Média, essa tendência permanece, só que, em vez de preceitos racionais e abstratos arquitetados pela razão humana, os doutores da Igreja intentaram concretizar o grande ideal do cristianismo, qual seja: a estruturação de uma ordem universal, harmônica e pacífica, tendo por lastro os ditames cristãos – associando a prática política à ética da Igreja. Assim, o bom monarca não era aquele que tinha como preocupação maior a salvaguarda dos interesses do Estado, mas, de modo contrário, aquele que conduzia os negócios governamentais, acima de tudo, com justiça e magnanimidade em todos os seus atos[107].

---

107. Cf. BARROS, V.S.C. *Introdução a Maquiavel*: uma teoria do Estado ou uma teoria do poder? Op. cit., p. 169-170.

Com Maquiavel, processa-se uma ruptura, visto que o secretário florentino propõe a análise do fenômeno do poder a partir da política concreta, da política pura, distanciando-se do normativismo ético. Isto é, ao invés de uma postura contemplativa face às questões do mando, nosso autor constrói suas ponderações alicerçando-se na realidade dos fatos políticos de forma empírica e objetiva. Não se detém na idealização de governos justos, voltando toda a sua atenção para a perscrutação fria da política, observando-a, antes de tudo, como o estudo da luta pelo poder.

Desse modo, ao não analisar as questões de Estado por intermédio da moral, Maquiavel termina por conferir ao universo político sua autonomia, analisando-o como uma esfera de atuação – sujeita à sua própria lógica e às suas próprias leis – separada da ética, da religião e do direito. Segundo Benedetto Croce: "[...] é sabido que Maquiavel *descobre* a necessidade e a *autonomia da política*, da política [...] que possui suas próprias leis das quais é vão rebelar-se, que não se pode exorcizar e descartar do mundo com *água-benta*"[108] (grifos nossos).

Dessa forma, o governante não está subordinado a nenhuma normatividade ética, jurídica ou religiosa superior, devendo guiar-se pelo império da necessidade política, visando sempre ao resultado de suas ações, pois sabe que será julgado pelo sucesso de suas medidas.

Assim, o bom político, na maioria das vezes, não terá êxito por ser portador de uma conduta moral implacável e excelente, mas por entender os mecanismos particulares da política, principalmente a regra segundo a qual as pessoas julgam mais pela aparência, não se importando tanto com a essência moral da atitude principesca, mas tão somente com o resultado alcançado pelo governante em prol do interesse público. No cap. XVIII de *O príncipe*, Maquiavel descortina as

---

108. CROCE, B. Elementi di politica. In: CROCE, B. *Etica e politica*. Milão: Adelphi, 1994, p. 292.

reais feições do âmbito político, realçando este como o lugar da dissimulação por excelência:

> Logo, deve um príncipe cuidar para que jamais lhe escape da boca qualquer coisa que não contenha as cinco qualidades citadas. Deve parecer, para os que o virem e ouvirem, todo piedade, todo fé, todo integridade, todo humanidade e todo religião. Não há nada mais necessário do que parecer ter esta última qualidade. Os homens, em geral, julgam as coisas mais pelos olhos do que com as mãos, porque todos podem ver, mas poucos podem sentir. *Todos veem aquilo que pareces, mas poucos sentem o que és; e estes poucos não ousam opor-se à opinião da maioria, que tem, para defendê-la, a majestade do Estado. Como não há tribunal onde reclamar das ações de todos os homens, e principalmente dos príncipes, o que conta por fim são os resultados. Cuide pois o príncipe de vencer e manter o Estado: os meios serão sempre julgados honrosos e louvados por todos, porque o vulgo está sempre voltado para as aparências e para o resultado das coisas, e não há no mundo senão o vulgo; a minoria não tem vez quando a maioria tem onde se apoiar*[109] (grifo nosso).

A política, dessa maneira, tem sua própria dinâmica, estando apartada da moral convencional e sujeita a uma ética utilitária, em que o governante deve envidar todos os esforços para a consecução do interesse público, não importando os meios utilizados ao longo do caminho. Logo, as aparências contam mais porque o homem comum, por estar com suas atenções totalmente voltadas para o fim almejado, vê apenas aquilo que o governante permite, enquanto que os poucos que têm a capacidade de entender as reais intenções do detentor do poder não podem agir, uma vez que a maioria, conduzida pelo jogo de dissimulação empreendido pelo chefe do governo, paralisa a ação daqueles.

---

109. MAQUIAVEL, N. *O príncipe*. Op. cit., cap. XVIII, p. 85-86.

Reconhece-se, segundo Bobbio, que o universo político está sujeito a um critério de julgamento distinto daquele utilizado para julgar uma ação moral. O critério, com base no qual julgamos se uma ação é moralmente boa ou má, reside no respeito a uma norma cujo comando é categórico, independente do resultado da ação. Ou melhor, age-se visando ao cumprimento do dever moral sem levar em consideração as consequências da atitude empreendida. Já para julgar se uma ação política é boa ou má, o critério utilizado é o alcance do resultado almejado[110].

Portanto, pode-se falar em duas searas – a da política e a da moral – que estão submetidas a critérios distintos de julgamento: no campo político vale a ética do resultado, proposta por Maquiavel no trecho de *O príncipe* acima aludido; no campo moral, diversamente, a ética do resultado não vale, pois uma atitude para ser julgada moralmente boa deve ser cumprida com nenhum outro fim além daquele de realizar o próprio dever.

Não se trata de afirmar ser o exercício do poder político imoral ou amoral, mas que há uma moral política que, não se deixando subjugar pela ética cristã, atende apenas ao imperativo dos desígnios que a ordem estatal visa a atingir. Há, então, uma ética própria ao homem público diferente daquela que rege nossa vida privada. Quando, nos *Discursos*, nosso chanceler descreve a maneira como um príncipe novo deve renovar tudo em terras conquistadas, servindo-se do exemplo de Filipe da Macedônia, critica seu procedimento bárbaro, mas, em seguida, relativiza-o: "São modos crudelíssimos e contrários à vida, não só cristã, mas humana; deles qualquer homem deve fugir e preferir viver como cidadão comum [...] a ser rei com tamanha ruína para os homens; *no entanto, quem não quiser trilhar esse pri-*

---

110. Cf. BOBBIO, N. *Teoria geral da política* – A filosofia política e as lições dos clássicos. Rio de Janeiro: Campus, 1991, p. 174 [Trad. de D.B. Versiani].

meiro caminho do bem, se quiser manter-se, precisará enveredar por esse mal"[111] (grifo nosso).

Entende-se, com essa observação, que são dois os caminhos: o do bem, optando por uma existência tranquila e distante da vida pública; e o da manutenção do poder, em que o agente, muitas vezes, tem que sufocar suas convicções morais a fim de assegurar a estabilidade política e a integridade do Estado. Mais adiante, na mesma obra, o diplomata florentino deixa claro que essa dinâmica particular da política se deve ao fato de que, estando no governo, o cidadão é forçado a ver as coisas mais de perto, percebendo as verdadeiras fontes do mal e os perigos que ameaçam o país. Ao final, termina suas considerações com um provérbio bastante revelador: "Eles (os cidadãos) têm um pensamento na praça e outro no palácio"[112].

Essa é, em essência, a grande revolução que o pensamento maquiaveliano produz: detectar que o âmbito político é regido por leis próprias, não sendo lícito afirmar que o governante de uma nação, tendo que optar entre a segurança de seu povo e suas convicções morais, deva optar pelas últimas.

Sobre esse tema, não se pode esquecer a sábia lição de Cosme de Medici, O Velho. Sempre que seus inimigos o criticavam por amar mais este mundo que a eternidade, o grande patriarca da Família Medici, demarcando as fronteiras entre a política e a moral cristã, costumava dizer que "[...] os Estados não podiam ser governados com o rosário nas mãos"[113].

Uma ação governamental, então, é moral ou imoral dependendo de até que ponto redunda em benefício para o povo, à parte quaisquer ilicitudes cometidas nesse percurso.

Isaiah Berlin, de outro modo, acredita, como já afirmamos no final da lição anterior, que Maquiavel não separa a política da

---

111. MAQUIAVEL, N. *Discursos sobre a primeira década de Tito Lívio*. Op. cit. Livro primeiro, cap. 26, p. 89.
112. Ibid., cap. 47, p. 142.
113. Cf. VIROLI, M. Op. cit., p. 29.

moral, atacando, sim, a moral cristã da submissão, e adotando uma moral pagã, a da Antiguidade Clássica, em que os interesses do Estado estão acima das aspirações individuais[114]. Para Berlin, não há que se falar em autonomia da política, como o fez Croce e toda a tradição inspirada nele, mas em dois universos morais incompatíveis: o pagão, adotado pelo florentino em seu pensamento político; e o cristão, contra o qual se insurge.

Todavia, malgrado as discordâncias interpretativas entre Croce e Berlin, o que sobressai é que ao homem público não é permitido decidir antecipadamente o que é bom ou mau, justo ou injusto, pois tal avaliação deve ser sempre feita *a posteriori*, levando em conta o objetivo a ser alcançado. Destarte, a organização estatal tem suas próprias razões que, em casos extraordinários, contrapostas aos interesses dos indivíduos, devem prevalecer. Eis o tema central da obra de Maquiavel: a discussão a respeito da Razão de Estado. Mas, como definir esta expressão?

Segundo Sergio Pistone, a doutrina da Razão de Estado:

> [...] afirma que a segurança do Estado é uma exigência de tal importância que os governantes, para a garantir, são obrigados a violar normas jurídicas, morais, políticas e econômicas que consideram imperativas, quando essa necessidade não corre perigo. Por outras palavras, a razão de Estado é a exigência de segurança do Estado, que impõe aos governantes determinados modos de atuar[115].

---

114. Cf. BERLIN, I. Op. cit., p. 314-315.

115. PISTONE, S. Razão de Estado. In: BOBBIO, N.; MATTEUCCI, N. & PASQUINO, G. *Dicionário de Política*. Vol. 2, 5. ed. Brasília/São Paulo: UnB/Imprensa Oficial do Estado, 2000, p. 1.066 [Trad. de Carmem C. Varrialle, Gaetano Lo Mônaco, João Ferreira, Luís Guerreiro Pinto Cacais e Renzo Dini]. Maquiavel, embora inspire o conceito de Razão de Estado, não foi o autor da expressão, já que esta só foi consagrada definitivamente no famoso tratado de Giovanni Botero intitulado *Della Ragion di Stato* (1589).

A ideia de que as Razões de Estado devem imperar em situações excepcionais, enfatizando a distância que separa a política da moral, aparece em toda a obra de nosso diplomata, assumindo contornos bem definidos no cap. 41 do Livro terceiro dos *Discursos*, quando Maquiavel, mostrando que a salvação da pátria, por sua importância, não exclui nenhum tipo de atitude, assevera:

> E tal coisa é digna de nota e observância por qualquer cidadão a quem cumpra aconselhar sua pátria: *porque, quando se delibera sobre a salvação da pátria, não se deve fazer consideração alguma sobre o que é justo ou injusto, piedoso ou cruel, louvável ou ignominioso; ao contrário, desprezando-se qualquer outra consideração, deve-se adotar plenamente a medida que lhe salve a vida e mantenha a liberdade*[116] (grifo nosso).

Assenta-se, portanto, em bases sólidas, o ideário do realismo político, do pragmatismo no que toca à administração do Estado. A política, como bem aparece em trecho já citado atribuído a Cosme de Medici, não é o reino dos *Padres Nossos*, não tendo por meta a salvação da alma; constitui-se, de modo contrário, como o lugar em que o interesse coletivo, encarnado na noção de pátria, deve ser alcançado. Sem dúvida, trata-se de uma concepção política perigosa, mas não menos verdadeira, visto que a ruína de um Estado implica a servidão de seu povo, enquanto que a sua sobrevivência, mesmo à custa de decisões eticamente controversas, consubstancia-se como último bastião da liberdade.

O conceito Razão de Estado é a essência primeira do maquiavelismo. Comumente, considera-se como maquiavélico o indivíduo que age em seu próprio nome, usando de astúcia e de má-fé com o fim de concretizar seus objetivos escusos.

---

[116] MAQUIAVEL, N. *Discursos sobre a primeira década de Tito Lívio*. Op. cit. Livro terceiro, cap. 41, p. 443.

Porém, essa perspectiva não condiz com a doutrina de Maquiavel, mas com a vulgarização de seu pensamento sempre tão distorcido pelos moralistas e pelo homem comum. O conceito científico de maquiavelismo, de forma distinta, é congruente com a noção de Razão de Estado, isto é, longe de ser uma mera questão de caráter – de perfídia praticada por qualquer particular –, tal conceito está associado às práticas empregadas pelo governante que, envolto por um sistema ético diverso daquele que rege nossa vida privada, empregará todas as estratégias necessárias à salvação pública.

É mister, no entanto, salientar que nosso autor, ao enaltecer o pragmatismo político, apenas deu relevo teórico aos estratagemas utilizados, desde sempre, na condução dos negócios de Estado. Toda a história da humanidade está repleta de príncipes que, a fim de conquistarem e conservarem o poder, serviram-se de todos os meios possíveis, principalmente daqueles que não garantem o paraíso. Ao propugnar, dessa feita, por uma política realista, não fez mais que dar eco às práticas dos governantes de sua época, tão envolvidos em lutas intestinas e testemunhas privilegiadas do difícil parto que foi o surgimento dos modernos Estados nacionais.

É claro que no mundo contemporâneo, com a aclamação dos direitos fundamentais dos cidadãos, bem como sua consagração nos textos constitucionais, o governante não tem a mesma liberdade que os príncipes italianos da época em que nosso autor viveu. De fato, nos dias de hoje as ações governamentais estão vinculadas ao que é disciplinado pelo arcabouço constitucional, havendo, assim, uma precisa limitação da política pelo direito. Diante disso, indaga-se: as práticas políticas aconselhadas por Maquiavel ainda têm validade hoje?

Pode-se dizer que sim, embora grande parte das ações principescas, sugeridas por ele, só possam ser entendidas dentro de um contexto em que a ordem estatal moderna, então nascente, concentrava um poder incontrastável, distanciando-se, por conseguinte, da influência da Igreja.

Entretanto, apesar de a política contemporânea se desenvolver dentro dos marcos estabelecidos pelo direito, e a atuação de uma imprensa livre tornar o sistema político mais vinculado aos supremos interesses dos cidadãos, é despiciendo asseverar que o campo político – lugar onde se trava a luta pelo poder – será sempre o ambiente da astúcia e da dissimulação, uma vez que o governante, sendo o responsável direto pelo bem-estar de milhões de vidas, terá que pautar-se por aquilo que Max Weber, séculos depois de Maquiavel, mas inspirado nele, chamou de ética da responsabilidade – a ética própria ao estadista que, em momentos excepcionais, porá o interesse público, mesmo à custa de decisão impopular, acima de suas convicções éticas[117]. Isto é, a presença de nosso Chanceler será sempre percebida quando, em situações extremas, a fim de se atingir um bem maior, talvez se torne necessário praticar o mal.

---

117. Cf. WEBER, M. A política como vocação. In: WEBER, M. *Ciência e política*: duas vocações. São Paulo: Cultrix, 1993, p. 113 [Trad. de L. Hegenberg e O.S. Mota].

Sétima lição
A religião como instrumento do Estado

Como já foi mencionado no final de nossa primeira lição, Maquiavel – profeta do Estado Moderno e arauto do realismo político – era um homem afeito ao humor. Longe de ser a figura nebulosa que, aos olhos dos leigos, propugnava a defesa de tiranias terríveis, era um autêntico homem da Renascença, amante dos livros, das mulheres e do bom viver. Era diplomata, pensador e homem comum, amado pelos seus subordinados, na Segunda Chancelaria, que o admiravam não só pelo arguto tirocínio político, como também por sua notável presença de espírito. Esta espirituosidade – que se percebe em toda a sua obra – não se furtou a aparecer nem mesmo em seu leito de morte.

Alguns dias antes de seu falecimento, em 21 de junho de 1527, rodeado pelos amigos fiéis que o acompanharam até o desenlace final de sua vida pouco acalentada pela *fortuna*, o secretário florentino – talvez com aquele seu sorriso de Mona Lisa, eternizado em famoso retrato pintado por Santi di Tito – assevera ter visto, em sonho, um grupo de homens malvestidos e de aparência sofredora. Indagando quem eram, ouviu-lhes dizendo: "Somos os santos e os bem-aventurados, vamos ao paraíso". Logo depois, avistou uma multidão de homens de aspecto nobre e trajando roupas majestosas que discutiam problemas políticos. Entre eles reconheceu grandes pensadores da Antiguidade, como Platão, Plutarco e Tácito. Perguntando-lhes quem eram, obteve a resposta: "Somos os condenados ao inferno". Zombeteiramente, como seu último lance de bom humor, termina seu relato dizendo que preferia ir para o inferno discutir política com os grandes filósofos a ir para o céu morrer de tédio na companhia de beatos[118].

Maquiavel, como humanista que era, conhecia, com certeza, o "sonho de Cipião", relatado por Cícero em *Da República*. Narra o jurisconsulto romano que Cipião Emiliano ouve de seu tio – Cipião, O Velho – que lhe aparece em sonho, a mensagem de que todos os homens que lutaram pelo engrandecimento da pátria têm um lugar especial no paraíso, onde os bem-aventurados desfrutam da eternidade.

Desse relato, podemos extrair a ideia de que o secretário florentino enaltece a moral pagã – que valoriza as glórias desse mundo terreno e a defesa da pátria – e, em contrapartida, menospreza a moral cristã que, individualista, faz o homem pensar mais na salvação da sua alma – bem como propugna um agir passivo face às turbulências da vida – que lutar para manter o Estado e defender o interesse público[119]. Essa tomada de posição pela moral pagã fica clara quando, em sua sátira acima citada, afirma ser melhor ir para o inferno discutir grandes temas políticos que agitam o ser humano do que ter uma vida passiva e tediosa no paraíso.

Afinal, pode-se perquirir: Maquiavel era ateu?

Não. Na verdade, confere à religião uma importância fundamental para o engrandecimento da ordem estatal, desferindo sua crítica principalmente contra a instituição da Igreja romana. Não era ateu, mas anticlerical, ou seja, como um bom renascentista, via na corrupção do clero cristão a principal causa

---

118. Cf. VIROLI, M. Op. cit., p. 17-18. • BORON, A. Maquiavelo y el infierno de los filósofos. In: VÁRNAGY, T. (comp.). *Fortuna y virtud en la República Democrática* – Ensayos sobre Maquiavelo. Op. cit., p. 175-176.

119. Cf. BERLIN, I. Op. cit., p. 314.

da decadência italiana. Era, de fato, um cético que, preocupado com os mais elevados interesses do Estado, não se deixava guiar pelo transcendentalismo cristão nem aceitava o poder secular da Igreja. Isto é, podia não ser ateu, mas não era também um cristão, pelo menos no sentido tradicional.

A causa disso é o apego aos valores humanistas típicos do Renascimento. A crença na ideia antropocêntrica do homem como peça central de todas as mudanças que ocorriam, sendo ele (o homem), e não Deus, a força motriz da história. Contudo, para o nosso autor, o desapego aos valores do cristianismo deve-se, sobretudo, à valorização da ordem secular em detrimento da religiosa, ao fato de estar despontando, no horizonte político, uma nova figura: o Estado-nação que, forte, centralizado e personificado em governantes exitosos em suas ações no continente, é a nova ordem que surge para solapar o domínio da Igreja e sepultar o velho sonho medieval de estruturar uma ordem política universal e harmônica, tendo por base os ditames da Santa Sé.

Maquiavel é, antes de tudo, o patriota que, contemplando a modernidade, observa outras nações, como França e Espanha, dominarem a Europa, incursionando, em suas campanhas militares, por solo italiano e vitimizando os herdeiros decadentes do glorioso Império Romano. A sua Itália, de modo oposto, remanescia dividida e impotente. A causa disso: a Igreja.

Como a maior parte dos italianos de sua época, o diplomata florentino considerava que a Igreja era especialmente responsável pela desagregação política da península, uma vez que era um poder demasiado débil para unir a Itália, entretanto, suficientemente forte para impedir que outra força política a unificasse[120].

---

120. Cf. MAQUIAVEL, N. *Discursos sobre a primeira década de Tito Lívio*. Op. cit. Livro primeiro, cap. 12, p. 55-56.

Apesar de Maquiavel não elaborar uma teoria do Estado[121], a ideia de Estado encontra-se no centro de seu pensamento. É por isso que detesta e despreza o governo dos padres, sendo um adversário do poder temporal da Santa Sé que tanto mal trouxe à sua pátria. Para ele, a religião só tem sentido se contribuir para a expansão da ordem estatal e para a coesão social, o que o faz, antecipando Hobbes, superpor o poder do corpo político ao da Igreja[122].

Segundo Olivier Nay, o florentino lança um véu de ceticismo sobre o papel da Igreja. Não é antirreligioso, conjecturando até que a religião pode servir ao governo sob a condição de ser controlada pelo príncipe. No entanto, professa uma hostilidade não dissimulada em relação à Igreja romana, já que esta dá o pior dos exemplos porque, ao dividir as cidades italianas, arruína toda a possibilidade de unificação política. Todavia, sua crítica mordaz não se restringe apenas à instituição da Igreja, demonstrando igualmente uma grande desconfiança em relação aos valores morais do cristianismo: desprezo pelas coisas do mundo, o perdão dos pecados, a humildade, a generosidade, a entrega de si a Deus e a aceitação do sofrimento. Em suma, Maquiavel olha a crença cristã com desapego, pois o político não depende mais do divino[123].

Assim, nosso diplomata não só tem um profundo desdém pela Igreja enquanto detentora de poder secular, como também não vê no cristianismo uma religião capaz de galvanizar os esforços de todos em prol do bem comum. Diferente da religião pagã que tornou a República Romana forte e gloriosa, a moral cristã, tão reverente ao sobrenatural, às glórias de um mundo invisível e talvez de existência improvável,

---

121. Defendemos essa ideia em nosso livro intitulado *Introdução a Maquiavel*: uma teoria do Estado ou uma teoria do poder? Op. cit.

122. Cf. TOUCHARD, J. *História das ideias políticas*: do Renascimento ao Iluminismo. Vol. II, 2. ed. Mem Martins, Port.: Europa-América, 2003, p. 24.

123. Cf. NAY, O. *História das ideias políticas*. Petrópolis: Vozes, 2007, p. 148 [Trad. de J.A. Clasen].

não se coaduna com o que o florentino espera da força religiosa, pois para ele a religião deve fortalecer as virtudes cívicas e o amor à pátria[124].

Irrompe ferozmente contra o cristianismo quando, nos *Discursos*, diz:

> Porque a nossa religião, por mostrar a verdade e o verdadeiro caminho, leva-nos a estimar menos as honras mundanas, motivo por que os gentios, que as estimavam muito e viam nelas o sumo bem, eram mais ferozes em suas ações. E isso se pode ver em muitos de seus usos [...], a começar pela magnificência dos sacrifícios pagãos e em relação à humildade dos nossos; pois entre nós há alguma pompa mais delicada que magnífica, mas nenhuma ação feroz ou vigorosa. Naqueles não faltavam pompa nem magnificência às cerimônias, às quais se somava a ação do sacrifício cheio de sangue e ferocidade, em que se matava uma multidão de animais, e cuja visão terrível tornava terríveis também os homens. A religião antiga, além disso, só beatificava homens que se cobriam de glória mundana, tais como os comandantes de exércitos e os príncipes de repúblicas[125].

Mais adiante, conclui:

> A nossa religião tem glorificado os homens mais humildes e contemplativos do que ativos. Além disso, vê como sumo bem a humildade, a abjeção e o desprezo pelas coisas humanas, enquanto para a outra o bem estava na grandeza de ânimo, na força [...] do corpo e em todas as outras coisas capazes de tornar fortes os homens. E, se nossa religião exige que tenhamos força [...], é mais para suportar a força de cer-

---

124. Cf. MORROW, J. *História do pensamento político ocidental*. Mem Martins, Port.: Europa-América, 2007, p. 76.

125. MAQUIAVEL, N. *Discursos sobre a primeira década de Tito Lívio*. Op. cit. Livro segundo, cap. 2, p. 189.

tas ações do que para realizá-las. Esse modo de viver, portanto, parece que enfraqueceu o mundo, que se tornou presa dos homens celerados; e estes podem manejá-lo com segurança, ao verem que o comum dos homens [...], para ir ao Paraíso, pensa mais em suportar as suas ofensas que vingar-se[126].

Diferente é a religião pagã que é útil aos desígnios do Estado, mantendo o povo unido e cioso de sua força. É por isso que, em sua visão de mundo, a religião é tão somente um instrumento a mais para a conservação da ordem e da segurança, chegando a defender uma espécie de "religião de Estado"[127].

A crença em Deus, desse modo, era cultivada pelos romanos, pois ela cumpria a função política de fazer com que os soldados respeitassem o comando militar e se mantivessem fiéis à República.

> E como para refrear os homens armados não basta o temor às leis e aos homens, os antigos acrescentavam a autoridade de Deus; e assim, com grandes cerimônias, faziam seus soldados jurar que observariam a disciplina militar, para que, se a violassem, não só tivessem de temer as leis e os homens, mas também a Deus; e usavam toda a indústria para enchê-los de religião[128].

Ou seja, os homens podem se insurgir contra as leis criadas pelo Estado, mas não ousam afrontar as leis divinas, fazendo-se mister que, para a boa condução dos negócios públicos, ambas estejam entretecidas em cerimônias cívico-religiosas que imponham obediência. Assim, Maquiavel confere importância à religião por sua eficácia social. "Em sua perspectiva, a religião transfere para uma ordem transcendente o papel de guardiã das leis primitivas, oriundas do fun-

---

126. Ibid., p. 189-190.

127. Cf. TEJERINA, R.Á. Maquiavelo y la Teoría Política Renacentista. In: VALLESPÍN, F. (org.). *Historia de la Teoría Política.* Vol. 2. Madri: Alianza, 2002, p. 94.

128. MAQUIAVEL, N. *A arte da guerra.* Op. cit. Livro sexto, p. 178.

dador da sociedade"[129]. Por este motivo, afirma nos *Discursos* que, acima dos fundadores de repúblicas ou reinos, estão os fundadores de religiões, sendo, dentre todos os mortais, os mais dignos de encômios[130].

Com base nessa assertiva, assevera que, apesar de ter sido Rômulo o fundador de Roma, Numa Pompílio foi o grande artífice de sua glória, pois, escolhido pelo Senado a fim de dotar o povo romano de grandes instituições, "[...] voltou-se para a religião, como coisa de todo necessária para se manter uma cidade [...]; e a constituiu de tal modo que por vários séculos nunca houve tanto temor a Deus quanto naquela república, o que facilitou qualquer empreendimento a que o Senado ou aqueles grandes homens romanos quisessem entregar-se"[131].

Numa, portanto, merece mais louvores que Rômulo por ter introduzido uma religião que lhe permitiu enobrecer seu povo e que teve utilidade para seu desempenho no governo.

> E quem considerar bem as histórias romanas, verá como a religião servia para comandar os exércitos e infundir ânimo na plebe, para manter os homens bons e fazer com que os reis se envergonhem. De tal modo que, caso houvesse uma disputa para se saber a que príncipe Roma devia mais, se a Rômulo ou a Numa, creio que Numa ficaria em primeiro lugar: porque, onde há religião, facilmente se podem introduzir armas; e, onde houver armas, mas não houver religião, esta com dificuldade poderá ser introduzida[132].

A visão realista de nosso autor faz com que ele detecte ser a religiosidade um sentimento popular que, sendo causado pelo temor de castigos vindouros, mantém a todos em obediência. É por isso que os Estados que a têm como força motriz de suas ações exercem maior controle sobre seus súditos.

---

129. NEDEL, J. *Maquiavel*: concepção antropológica e ética. Porto Alegre: Edipucrs, 1996, p. 147.

130. Cf. MAQUIAVEL, N. *Discursos sobre a primeira década de Tito Lívio*. Op. cit. Livro primeiro, cap. 10, p. 44.

131. Ibid. cap. 11, p. 49.

132. Ibid., p. 50.

Servir-se, desse modo, do sentimento religioso do povo para governar, é uma estratégia que deve ser utilizada. Savonarola, apesar de ter fracassado por confiar apenas em suas prédicas, não se assegurando com armas, é exemplo de líder que se aproveita das crenças populares para governar.

> O povo de Florença não parece ser ignorante nem rude; no entanto, o Frei Jerônimo Savonarola o persuadiu de que falava com Deus. Não quero julgar se era verdade ou não, pois que de tal homem se deve falar com reverência, mas digo, sim, que um número infinito de florentinos acreditava sem ter visto nada de extraordinário que os levasse a crer; porque sua vida, sua doutrina e o assunto de que falava eram suficientes para que lhe dessem fé[133].

No cap. XVIII de *O príncipe*, já referido na lição anterior, Maquiavel nos informa que o culto às aparências é fundamental a quem pretende governar, sendo importantíssimo aparentar o sentimento de religiosidade. O príncipe novo, aquele que funda um novo Estado, deve proceder conforme as variações da *fortuna*. Portanto, é provável que, para manter o governo, tenha que agir contra a fé e contra a religião; todavia, deve sempre dissimular estar seguindo-as enquanto busca incessantemente por seus objetivos políticos. Logo, "[...] deve parecer, para os que o virem e ouvirem, todo piedade, todo fé, todo integridade, todo humanidade e todo religião. Não há nada mais necessário do que parecer ter esta última qualidade"[134]. Destarte, a religião não deve se contrapor ao Estado, corrompendo-o como fez a Igreja cristã na visão de nosso diplomata, mas ser utilizada como estratégia para manter o povo fiel ao interesse público. A crença cristã ressalta a esfera privada, pondo o indivíduo e seus egoísmos acima dos grandes ideais da nação. É por isso, então, que Maquiavel vê no cristianismo pouca efi-

---

133. Ibid. p. 52.
134. MAQUIAVEL, N. *O príncipe*. Op. cit., cap. XVIII, p. 85.

cácia social, uma religião que não colabora para o enaltecimento das virtudes cívicas.

A religião, para o autor florentino, profundo conhecedor da psicologia humana, deve ser utilizada como esforço estratégico no sentido de manter a paz interna e propiciar a unidade nos momentos de guerra. Muitas vezes é de crucial importância para povos em luta. Nesse ponto, cita o exemplo do assédio militar estabelecido pelos romanos a Veios. Argumenta que, em certo ano, as águas do Lago Albano transbordaram. Vendo que seus exércitos estavam cansados pelo longo sítio, os generais romanos fizeram correr a notícia de que Apolo e outros oráculos tinham profetizado que Veios se renderia no ano em que as águas daquele lago transbordassem. As tropas, então, encheram-se de esperança e, suportando a morosidade da guerra com alegria, comandadas por Camilo, tomaram a cidade após um cerco de dez anos. Maquiavel, em seu arremate da questão, diz: "E assim a religião, bem usada, serviu à expugnação daquela cidade e à restituição do tribunado à nobreza; pois, sem esse meio, dificilmente se teria chegado a qualquer dessas coisas"[135].

O problema da crença, no que se refere aos acontecimentos humanos, reside no ponto de que os homens julgam pelas aparências, não se aprofundando na análise dos fatos. Assim, uma atitude governamental ou militar, camuflada pela religiosidade, será sempre bem-vista pelos seguidores, que pensarão estar agindo em consonância com a vontade dos deuses ao seguirem seus líderes. Isso ocorre: "[...] porque o comum dos homens [...] se nutre tanto do que parece ser quanto do que é: aliás, muitas vezes se comovem mais com as coisas que parecem ser do que com as que são"[136].

O papado, na contrapartida da República Romana, utilizou a religiosidade para dividir e não para criar um país livre. A cor-

---

135. MAQUIAVEL, N. *Discursos sobre a primeira década de Tito Lívio.* Op. cit. Livro primeiro, cap. 13, p. 57.

136. Ibid., cap. 25, p. 87.

rupção da Igreja foi de tal monta que os povos mais próximos dela, segundo Nicolau, eram justamente os menos religiosos[137].

O cristianismo, em si, com seu alheamento dos valores mundanos, não era salutar a um povo que queria ser grande. Ainda mais quando os sucessores de Pedro haviam desvirtuado sobremaneira as prédicas da Igreja primitiva e lançado o povo à própria sorte, desacreditado de todo o sentimento religioso e voltado totalmente para as suas ambições pessoais. Para o nosso secretário, diversamente, a religião deve cumprir a função estratégica de estar a serviço do Estado e não laborando contra ele. Dessa feita, o sentimento religioso é de suma importância para um povo glorioso, desde, é claro, que seja utilizado com habilidade pelo governo para lograr obediência e assegurar coesão no seio da sociedade, como a religião cívica dos romanos.

Parece ser um pensamento autoritário, mas, ao contrário, é renovador. Maquiavel não é um absolutista como pode parecer nas linhas acima. Na verdade, como ele próprio disse em carta endereçada a Francesco Vettori, em 16 de abril de 1527, *ama sua pátria mais que a sua própria alma*[138]. Este não é um pensamento cristão, já que o cristianismo põe a salvação eterna acima das glórias terrenas. Também não é o lema de um absolutista, mas de um republicano, como veremos na última lição deste livro, afeito ao governo que é arquitetado para atender às demandas do povo. Contudo, para implantar a República, faz-se necessária a unificação da Itália sob o governo de um príncipe que, para obter êxito, deverá ser capaz de usar todas as armas possíveis, inclusive da religião que – como vimos, sabiamente manejada a serviço dos maiores interesses do Estado, ou seja, maquiavelicamente –, poderia ser capaz de conduzir os italianos à liberdade e à unidade.

---

137. Ibid., cap. 12, p. 54.

138. Carta de 16 de abril de 1527 endereçada a Francesco Vettori. In: MAQUIAVELO, N. *Epistolario*: 1512-1527, p. 430.

OITAVA LIÇÃO
Maquiavel e a arte da guerra

Guerra e política são, sem sombra de dúvida, atividades profundamente entretecidas, sendo um equívoco considerar a primeira como uma área que se furta ao império do cálculo. De fato, o ato de beligerância é antes um *instrumento político,* bem empregado em momentos excepcionais, que algo alheio à decisão racional. A guerra é, sim, a política por outros meios e não meramente o desatino de homens pouco afeitos a essa seara.

> Vemos, pois, que a guerra não é somente um *ato político*, mas um verdadeiro *instrumento político*, uma continuação das relações políticas, uma realização destas *por outros meios*. O que se mantém sempre característico da guerra releva puramente da especificidade dos meios que ela põe em prática. A arte da guerra em geral, e a do comandante em cada caso específico, pode exigir que as tendências e as intenções da política não sejam incompatíveis com esses meios, exigência seguramente a não desprezar. Mas, por mais poderosamente que reaja, em certos casos, sobre as intenções políticas, isso terá de ser sempre considerado somente como uma modificação destas; pois que a *intenção política é o fim*, enquanto a *guerra é o meio, e não se pode conceber o meio independentemente do fim*[139] (grifos nossos).

---

139. CLAUSEWITZ, C. *Da guerra*. São Paulo: Martins Fontes, 1996, p. 27 [Trad. de M.T. Ramos].

Assim, pois, a guerra é o meio político extremo utilizado, em determinadas situações, para fazer o inimigo retroceder em relação a seus objetivos políticos iniciais. Ou seja, quando cessa o diálogo, leva-se a cabo esse evento de proporções gigantescas e nefandas: a guerra, na clara intenção de, reduzindo a capacidade de resistência do inimigo, fazê-lo capitular, salvaguardando a integridade do território nacional e alcançando o fim maior: a liberdade dos cidadãos.

Sendo o ato beligerante, como já aduzido pelas clássicas lições de Clausewitz, acontecimento político por excelência, o nosso Maquiavel não poderia deixar de dissertar a respeito, legando-nos um dos principais trabalhos já escritos sobre o tema: *A arte da guerra*.

Você, leitor, deve conhecer a obra homônima, escrita, por volta do século V a.C. na China, pelo, hoje tão lido, General Sun Tzu. Cerca de dois mil anos depois, o secretário florentino mostra todo seu talento nessa arte quando, em 1521, publica o seu trabalho sobre a mesma matéria. Curiosamente, os dois escritos – embora Maquiavel não deva ter tido contato com o livro de Sun Tzu – guardam grandes semelhanças, o que contribui para a conclusão a que chega Luigi Bonanate: os dois textos não assinalam outra coisa senão o fato de que os elementos fundamentais da lógica estratégica não se modificam com o correr dos anos, nem com a mudança de lugar[140].

Todavia, este não é o lugar oportuno para discutir as similitudes que cercam as obras de Sun Tzu e de Maquiavel. Também não nos é possível, dentro dos limites destas breves lições, ofertar uma análise acurada da obra militar de nosso diplomata florentino, *A arte da guerra*. Cabe-nos, de outro modo, expor, em termos gerais, a grande preocupação do nosso autor a respeito dessa questão: o dever dos governantes italianos de adotarem exércitos próprios, compostos por ci-

---

140. Cf. BONANATE, L. *A guerra*. São Paulo: Estação Liberdade, 2001, p. 70 [Trad. de M.T. Buonafina e A.T. Filho].

dadãos ao invés das tão comuns tropas mercenárias. A essa questão, subjaz a ideia de que a política e a guerra andam juntas, não apenas sob a ótica clausewitziana, em que a guerra é um instrumento da política, mas também no sentido de que o cidadão mais virtuoso é também o melhor guerreiro. Isto é, deve-se recorrer às armas, acima de tudo, para assegurar a continuidade das instituições republicanas.

Malgrado não nos ser possível descer às mínimas questões tratadas por Maquiavel em *A arte da guerra*, deve-se, contudo, deixar claro que o secretário florentino sempre foi uma voz ativa em Florença, talvez a mais consistente, a dedicar-se à defesa de que o soldado, assim como o fora na Roma republicana, seja antes um cidadão devotado à causa de sua pátria que um militar profissional comprometido, apenas, com seus interesses pessoais. Este era o mal de sua Itália, que sangrava ante o domínio de *condottieri* (chefes militares mercenários) desleais e rapaces.

A fim de contornar esse problema, Maquiavel, entre 1503 e 1506, com o apoio do governante de Florença, Piero Soderini, treina e monta a milícia de sua cidade, que terá um papel de suma importância na retomada de Pisa em 1509. Em 6 de dezembro desse mesmo ano foram instituídos, pela República Florentina, os "Nove oficiais da ordenança e milícia", que constituíam uma nova magistratura encarregada exclusivamente do comando militar e de outros afazeres de mesma ordem. Nosso diplomata é, na ocasião, premiado com o cargo de chanceler dessa nova magistratura.

Porém, em 1512, a milícia florentina vai fracassar ante as tropas espanholas, contribuindo para a queda da República e a volta dos Medici. Ao publicar, em 1521, *A arte da guerra* – sua única obra política, escrita em prosa, a ser editada em vida – Maquiavel dá o trato teórico a tudo aquilo que havia aprendido na condução da guerra contra os pisanos e assimilado com a leitura diligente dos modos militares dos romanos na Antiguidade. A milícia tinha soçobrado no confronto com os espanhóis, mas a ideia de criar um exército nacional deveria permanecer.

Diferente de *O príncipe* e dos *Discursos*, *A arte da guerra* foi redigida em forma de diálogo. Muito embora a discussão seja fictícia, os personagens envolvidos nela são reais. O lugar em que se trava o colóquio não poderia ser mais afeito ao republicanismo florentino: os jardins da Família Rucellai (em italiano: *Orti Oricellari*).

Nesse suntuoso jardim, o jovem anfitrião, Cosimo Rucellai, e seus convidados – Zanobi Buondelmonti, Batista della Palla e Luigi Alamanni – dedicam-se a interpelar o experiente *condottiero*, Fabrizio Colonna, sobre como constituir um exército forte e virtuoso.

As concepções de Maquiavel a respeito da arte da guerra fazem-se refletir nas lições de Fabrizio, bem como nas indagações dos demais participantes. A ideia central que anima os debates consiste na firme convicção do *condottiero* de que as práticas militares da República Romana, tão desprezadas pelos italianos de sua época, constituíam-se como indeléveis, devendo, nesse assunto, a Itália recorrer à Antiguidade, a fim de resistir às forças estrangeiras que, a todo momento, incursionavam por seu território.

Nosso chanceler oferta-nos lições que variam desde táticas de combate a questões mais abrangentes e marcadamente políticas, como a superioridade da *virtù* militar republicana – encarnada na figura romana do soldado-cidadão – em relação ao egoísmo destrutivo dos exércitos privados tão comuns na península à sua época. Portanto, reviver os hábitos militares de Roma é imprescindível: "Nunca me afastarei, para exemplo de qualquer coisa, dos meus romanos. Quem considere a vida deles e a ordenação daquela república, veria nela muitas coisas que não é impossível introduzir numa cidade [...] na qual ainda houvesse algo de bom"[141].

---

141. MAQUIAVEL, N. *A arte da guerra*. Op. cit. Livro primeiro, p. 8.

Logo em seguida, ainda falando pela boca de Fabrizio, diz: "Sobre isso (a arte da guerra) digo que, sendo essa uma arte da qual os homens de qualquer tempo não podem viver honestamente, só pode ela ser usada como arte por uma república ou por um reino; e estes, quando bem-ordenados, jamais consentiram que nenhum cidadão ou súdito seu fizesse da guerra arte; e nenhum homem bom jamais a exerceu como arte particular sua"[142].

A prática militar, destarte, deve ser sempre monopolizada pelo Estado, sendo desprezível o emprego da força bélica por parte de particulares, envolvidos sempre com seus próprios interesses. Esse era o câncer maior da Itália, um erro a ser corrigido, corrigido pela memória altiva dos feitos grandiosos da Antiga Roma.

> E, enquanto a República viveu sem máculas, nenhum cidadão grande pretendeu jamais, mediante tal exercício, tirar proveito na paz, transgredindo as leis, espoliando as províncias, usurpando e tiranizando a pátria e prevalecendo-se de todos os modos; e nenhum, de ínfima fortuna, pensou em quebrar o juramento e unir-se a particulares, em não temer o senado ou em aderir a algum golpe tirânico para poder viver, com a arte da guerra, a qualquer tempo. Mas os que eram comandantes, contentes com o triunfo, voltavam de bom grado à vida privada; e os que eram comandados, com mais vontade depunham as armas do que as empunhavam; e cada um voltava à arte com a qual ordenava sua vida; tampouco houve jamais alguém que esperasse sustentar-se com o produto do saque e com tal arte[143].

Desse modo, a *virtù* guerreira necessita da virtude política, uma vez que ambas conduzem ao mesmo fim. A República é o bem comum e o cidadão livre – visando a esse bem

---

142. Ibid., p. 11.
143. Ibid., p. 15.

maior – dedica a vida à República[144]. Então: "Quem luta pela pátria oferece em sacrifício sua existência e, desse modo, cidadania e milícia coincidem ao aperfeiçoarem a natureza humana, entregando seus bens particulares a um fim universal"[145]. Logo, é no recurso à disciplina militar que o homem aprende a ser cidadão e a praticar a virtude cívica[146].

Ainda segundo Pocock, além da disciplina guerreira, a religião civil dos romanos, já abordada na lição precedente, contribuiu para que estes se tornassem bons soldados[147]. Amalgamando o culto aos deuses às cerimônias cívicas, os governantes de Roma incitavam, em seus cidadãos, o amor patriótico e a devoção à República. Além do mais, por ser uma religião de Estado, os augúrios podiam ser facilmente manipulados pelos generais toda vez que, manipular-lhes a interpretação, fosse capaz de reunir a força de todos em prol de um interesse maior. Dessa feita, o engano e a dissimulação – da mesma forma que na política – fazem parte da guerra, sendo indispensável, tanto ao governante quanto ao general, servirem-se, a um só tempo, das armas do leão e da raposa[148]: da força e da astúcia, a fim de aturdir o inimigo e alcançar o resultado desejado.

Política e guerra, como já antes enunciado, estão totalmente imbricadas, uma vez que, sem o amparo militar, as instituições políticas, em momentos de crise, não tardariam a desaparecer.

---

144. Cf. POCOCK, J.G.A. *El momento maquiavélico* – El pensamiento político florentino y la tradición republicana atlántica. 2. ed. Madri: Tecnos, 2008, p. 289 [Trad. nossa].

145. Op. cit.

146. Op. cit.

147. Op. cit.

148. MAQUIAVEL, N. *O príncipe*. Op. cit., cap. XVIII, p. 84.

> Além dos conselhos sobre a arte militar, *Da arte da guerra* contém importantes lições de política. Maquiavel ensina que nenhum reino ou república bem organizados jamais permitira que seus súditos ou cidadãos transformassem a guerra numa arte sua, ou seja, que eles se tornassem soldados profissionais, e que o objetivo da arte da guerra não é a guerra em si, mas a defesa[149].

Não se pode, portanto, edificar um Estado poderoso sem boas leis e boas armas[150]. Ambas são fundamentais, pois se é necessário construir uma sociedade livre e ordenada, ainda mais importante é assegurar a sua continuidade, a sua sobrevivência, por meio de cidadãos acostumados a viver em liberdade e dispostos a se sacrificarem ante a presença do inimigo feroz.

Tal lealdade e compromisso cívico não podem ser exigidos de mercenários, homens recrutados apenas à custa de pequeno soldo e sem nenhum sentimento de apego à causa comum dos habitantes do país que são pagos para proteger.

> Quem tem o seu Estado baseado em armas mercenárias jamais estará seguro e tranquilo, porque elas são desunidas, ambiciosas, indisciplinadas, infiéis, valentes entre amigos e covardes entre inimigos, sem temor a Deus nem probidade para com os homens. O príncipe apenas terá adiada a sua derrota pelo tempo que for adiado o ataque, sendo espoliado por eles na paz e pelos inimigos na guerra. A razão disto é que não têm outra paixão nem razão que as mantenha em campo senão um pequeno soldo, que todavia não é suficiente para motivá-las a morrer por ti[151].

Ao lado da desunião que assolava a península, dividida que estava em cidades-Estado frágeis e inimigas, o recurso

---

149. VIROLI, M. Op. cit., p. 251.
150. MAQUIAVEL, N. *O príncipe*. Op. cit., cap. XII, p. 57.
151. Ibid., p. 57-58.

a tropas mercenárias, sempre infiéis e corruptas, grande mal a atormentar os patriotas italianos, era algo que deveria ser extirpado na tentativa de resgatar os antigos valores que haviam tornado, no passado, a República Romana uma força insuperável.

Em nosso mundo moderno, talvez soe estranho a crítica maquiaveliana aos exércitos profissionais, já que o exército de nossos dias é profissional. Porém, há uma grande diferença entre o profissionalismo das tropas à época de nosso secretário e o profissionalismo militar hodierno. Aquele dizia respeito às forças mercenárias tão odiadas por Maquiavel; enquanto o profissionalismo militar de hoje caracteriza-se pela dedicação exclusiva de homens e mulheres às forças armadas, o que é essencial face à complexidade que o mundo moderno, nascente à época de Maquiavel, impôs às relações internacionais. Entretanto, mesmo devotados integralmente ao ofício das armas, esses homens e mulheres são, antes de qualquer coisa, cidadãos voltados para a defesa dos altos interesses nacionais.

Não há dúvida de que voltar totalmente aos modos militares romanos, como queria o florentino, revelou-se impossível, pois cada período histórico possui seus lineamentos políticos e sociais particulares. Contudo, o novo profissionalismo militar – em que o soldado, apesar de sua entrega total à arte da guerra, é também um cidadão que se lança à luta, a fim de manter viva a chama da liberdade para as futuras gerações – parece comprovar que o sonho militar de nosso velho chanceler não morreu com ele.

Nona lição
A teoria maquiaveliana das formas de governo

Um dos grandes e recorrentes temas da filosofia política é o estudo da questão referente a como estruturar o poder em uma sociedade política – ou seja, a discussão milenar a respeito das *formas de governo*. Quase todos os escritores políticos, ao longo da história, propuseram tipologias sobre a matéria, provocando um grande número de perspectivas discordantes, variando de autor para autor, como também de época para época.

Desde a Antiguidade Clássica, trata-se do tema, contudo, sempre que se volta a ele, sobressai, acima de outras posturas teóricas, a concepção aristotélica. Aristóteles, ao debruçar-se sobre o assunto, aborda-o com base em estudo comparativo, e, portanto, empírico, de 158 constituições de cidades-Estado gregas de sua época, legando-nos a tipologia mais célebre da história até Maquiavel.

Mesmo considerando que o trabalho conceitual do sábio estagirita[152] foi marcadamente descritivo e realista, sua investigação sobre as formas de governo guarda, ao mesmo tempo, uma forte conotação normativa e prescritiva quando inicia suas elaborações diferenciando as formas de governo em boas e más.

Assim, o primeiro critério que utiliza é de conteúdo moral, sendo as formas puras ou boas quando o governante adminis-

---

152. Usa-se a expressão para referir-se a Aristóteles, que nasceu na cidade de Estagira em 384 a.C. (falecido em 322 a.C.).

tra a *polis* visando ao interesse geral, ao bem comum. Do contrário, quando governa na clara intenção de satisfazer apenas aos interesses pessoais, as formas são impuras ou más.

Está imbricada a essa consideração, por assim dizer, de total conteúdo valorativo, uma concepção descritiva em que sobressai o elemento numérico com base na quantidade de pessoas que exercem o governo. Combinando, desse modo, o critério moral com o critério numérico, o estagirita elenca três modalidades de formas puras, bem como três formas corruptas, degradações das primeiras.

Portanto, quando um único homem exerce o poder atendendo ao interesse público, tem-se a *monarquia*; sendo o governo constituído de poucas pessoas, na verdade os nobres, tem-se a *aristocracia*; por fim, quando o poder é entregue à maioria da população, que rege a coisa pública de maneira pacífica e ordeira com base nas leis, considera-se que existe uma *democracia*.

Todavia, tais modelos governamentais são passíveis de corrupção sempre que a atenção dos governantes volta-se ao interesse privado. Dessa feita, seguindo a mesma combinação entre os aspectos moral e numérico – entre o caráter prescritivo e o descritivo – podemos falar em *tirania* sempre que o titular do poder, no caso um único homem, dá mais importância a suas ambições pessoais que à satisfação dos maiores interesses do povo; da mesma forma, quando os nobres comandam o Estado de modo pernicioso, temos a *oligarquia*; e, sempre que a maioria, estando no poder, governa sem obediência às leis, engendrando o caos social, configura-se a *demagogia*.

Qual a importância da proposta teórica aristotélica para a compreensão da tipologia maquiaveliana?

A importância reside no fato de que Maquiavel, observando a realidade de seu tempo, lega-nos a concepção moderna das formas de governo, substituindo a tripartição de Aristóteles (monarquia, aristocracia e democracia) por um modelo dicotômico em que se antagonizam monarquia e a república.

Logo no primeiro parágrafo de *O príncipe*, revoluciona toda a discussão que se empreendia até aquele momento, considerando que: "Todos os *estados*, todos os domínios que tiveram e têm poder sobre os homens foram e são ou *repúblicas* ou *principados*"[153] (grifos nossos).

Surgem, aí, duas inovações no pensamento político. A primeira é a utilização da palavra "Estado" em seu sentido moderno de comunidade política soberana. Até Maquiavel, ao invés de "Estado", toda a tradição da filosofia política ocidental desde os romanos, utilizava, com o mesmo sentido, o vocábulo "república". A partir das considerações de nosso secretário florentino, "república" deixa de significar a ordem estatal para ganhar seu novo significado: forma de governo, baseada na eletividade e na temporariedade dos postos de poder, antípoda da monarquia.

> A Europa dos tempos de Maquiavel oferecia ao observador desinteressado o espetáculo dos *regna* – como a Inglaterra, a França, a Espanha –, que se tinham formado gradualmente depois da dissolução do Império Romano (alguns dos quais se vinham transformando nos grandes Estados territoriais que originaram o "Estado" moderno) e das *civitates*, que se tinham expandido, dominado o território vizinho, inclusive outras cidades menores, e que eram governadas por senhores temporários e eletivos ou por conselhos de notáveis ou de representantes[154].

Percebe-se, nessas considerações de Bobbio, a postura realista de Maquiavel, um observador atento das transformações políticas de seu tempo. Porém, nosso diplomata não aborda o tema das formas de governo apenas em *O príncipe*, onde sua análise é mais congruente com as circunstâncias políticas de

---

153. MAQUIAVEL, N. *O príncipe*. Op. cit., cap. I, p. 3.

154. BOBBIO, N. *A Teoria das Formas de Governo*. 9. ed. Brasília: UnB, 1997, p. 84 [Trad. de S. Bath].

seu mundo. Volta ao assunto, também, nos *Discursos*, abordando-o sob uma perspectiva mais especulativa, fazendo eco ao historiador grego Políbio.

Aqui, ocupar-nos-emos dos dois livros, *O príncipe* e *Discursos*, procurando salientar as diferenças de abordagem nas duas obras. Comecemos por *O príncipe*.

Nele, após classificar os Estados em principados e repúblicas, Maquiavel enfatiza que tratará apenas dos primeiros: "Não tratarei aqui das repúblicas porque, em outra ocasião, discorri longamente sobre o assunto. Ocupar-me-ei somente dos principados e, retomando o raciocínio anterior, discutirei de que forma podem ser governados e mantidos"[155].

Ao declarar que já havia estudado as repúblicas longamente, Nicolau refere-se, implicitamente, ao Livro primeiro dos *Discursos*, já concluído quando ele se dedicou a confeccionar *O príncipe*, em 1513.

Logo em seguida, introduz uma distinção entre dois tipos de principados: *os hereditários* e *os novos*. Sobre os primeiros, assevera:

> Digo assim que, nos estados hereditários e acostumados à dinastia de seus príncipes, são bem menores as dificuldades para se governar do que nos novos, pois basta não descuidar da ordem instituída pelos seus antepassados e, depois, saber contemporizar os acidentes, para que um príncipe de capacidade mediana mantenha-se em sua posição, desde que não seja privado dela por alguma força excessiva e extraordinária. E, ainda que o seja, a reconquistará ao menor revés do usurpador[156].

Nesse tipo de principado, o poder é transmitido com base em uma lei de sucessão dinástica, configurando-se como um

---

155. MAQUIAVEL, N. *O príncipe*. Op. cit, cap. II, p. 5.
156. Op. cit.

governo constituído dentro dos marcos da legalidade. Destarte, cuidando o príncipe de conservar as tradições instituídas pelos avoengos, não enfrentará grandes problemas.

No interior desse tipo de principado, o florentino faz aflorar dois subtipos, consignando o seguinte: "A isto respondo que os principados (hereditários) dos quais se tem memória são governados de dois modos diversos: ou por um príncipe de quem são servidores todos os outros, que, na qualidade de ministros por sua graça ou concessão, o ajudam a governar aquele reino, ou por um príncipe e barões que detêm a sua posição não pela graça do senhor, mas pela antiguidade do sangue"[157].

Há, então, príncipes que governam sem intermediários, cujo poder é absoluto, e estende-se a todos os súditos reduzindo-os, por conseguinte, a condição de servos. De outro modo, existem príncipes que governam com a intermediação da nobreza, sendo o poder desta original e não dependente do rei[158].

Como exemplos desses dois modelos de governo, Maquiavel cita a Turquia e a França. Na primeira, encontramos o despotismo oriental, caracterizado pela total servidão de todos ao monarca. Vale ressaltar que o despotismo é uma modalidade de governo em que a relação entre o governante e os governados é análoga àquela que existe entre senhor e escravo. Já na França, segundo Maquiavel, há a concomitância do poder real e do poder aristocrático, existindo, é claro, a preeminência do príncipe sobre os nobres, porém de forma limitada, uma vez que estes últimos possuiriam prerrogativas das quais o rei não poderia privá-los[159].

Já os principados novos, tema maior de *O príncipe*, são aqueles que – dominados por governantes que, ao arrepio das

---

157. MAQUIAVEL, N. *O príncipe*. Op. cit., cap. IV, p. 17.
158. Cf. BOBBIO, N. *A Teoria das Formas de Governo*. Op. cit., p. 86.
159. Cf. MAQUIAVEL, N. *O príncipe*. Op. cit., cap. IV, p. 18.

leis, usurparam o poder – representam governos recentes, estabelecidos por atos de força e conduzidos com a astúcia necessária à consolidação do mando. Assim, o príncipe novo não pode ser equiparado ao monarca absoluto legítimo e de direito divino, mas antes ao ditador que funda um novo Estado, devendo organizar-lhe do melhor modo possível. Todo *O príncipe* é dedicado a essa forma de governo, já que as cidades italianas – repúblicas ou principados – eram constantemente assoladas por revoltas internas e incursões estrangeiras, caracterizando-se por uma crise de legitimidade do poder e sujeitas a toda sorte de escaramuças políticas. As conspirações davam cores dramáticas à península, configurando uma realidade bastante diversa dos novos Estados nacionais europeus.

Quanto a essa modalidade de principado, o secretário florentino distingue quatro espécies, de acordo com as diferentes maneiras como o poder é conquistado: a) pela *virtù*; b) pela *fortuna*; c) pelo crime; d) pelo consentimento dos cidadãos. Segundo Bobbio, esses quatro modelos podem ser dispostos em duplas antitéticas: *virtù – fortuna*; força – consentimento[160]. Deve-se esclarecer, em tempo, que um príncipe novo que conquista o principado pela *virtù* é um fundador de Estados, e a combinação entre sua capacidade (*virtù*) e a boa utilização em seu favor das circunstâncias (*fortuna*) que lhe facilitam o comando é a sua principal arma.

Diverso é o caso dos que alcançam o poder pelo crime. Estes são os *celerados* que, mesmo tendo êxito em suas investidas e na plena conservação do mando, praticam suas atrocidades com tal desembaraço que não se pode dizer que tenham *virtù*[161]. Neste caso, não estamos diante de um *ditador* que inaugura uma nova ordem política, mas do *tirano* que governa servindo-se do terror.

---

160. Cf. BOBBIO, N. *A Teoria das Formas de Governo*. Op. cit., p. 87.
161. Cf. MAQUIAVEL, N. *O príncipe*. Op. cit., cap. VIII, p. 38.

Pode parecer estranho propor uma distinção entre o ditador e o tirano, mas é isso que, de certa forma, pretendemos e que levaremos a cabo com mais detalhes na próxima lição. Por hora, deve-se considerar que, no tempo de Maquiavel, a ditadura não tinha uma conotação negativa como tem em nossos dias. Hoje, não há dúvida de que a *ditadura moderna* é conceito equivalente ao de *tirania; no entanto, à época de nosso florentino, as ditaduras modernas, que assolaram a tumultuada história do século XX, ainda não existiam. Na Renascença, sempre que se usava o vocábulo "ditadura", havia uma respeitosa referência à figura excepcional do ditador romano da Antiguidade.* Este não era alguém que, como hoje, perpetuava-se indefinidamente no poder à custa da mais cruel opressão; era, antes de tudo, um magistrado cuja autoridade era prevista na lei e que assumia o comando da pátria em momentos extraordinários a fim de assegurar a continuidade da ordem política. Era um cargo antes necessário, em dadas conjunturas adversas, que desprezível como a figura criminosa do tirano.

No entanto, esta não é ainda a hora de tratarmos dessa temática; a ela voltaremos na lição seguinte, quando tentaremos conciliar os dois "maquiavéis": o de *O príncipe*, erroneamente considerado como teórico do absolutismo, e o dos *Discursos,* um nítido entusiasta das liberdades republicanas.

Feitas tais ponderações, sentimo-nos obrigados, como já antes prometido, a analisar a proposta maquiaveliana a respeito das formas de governo nos *Discursos*. Se, em *O príncipe*, Maquiavel rompe com toda a tradição filosófica sobre a matéria; nos *Discursos*, conduz-se por uma abordagem mais especulativa e conforme a tradição. Revela-se, assim, como já aludimos na quarta lição, um herdeiro do historiador grego Políbio e um propugnador do modelo constitucional romano: *o governo misto*.

Assim, Maquiavel, trilhando o mesmo caminho que Políbio, teoriza sobre a *anaciclose*, a sucessão dos governos em ciclos (monarquia – tirania – aristocracia – oligarquia – democracia – oclocracia – e, mais uma vez, monarquia). Entretanto, nosso segundo chanceler apresenta-se mais cético que Políbio, não acreditando que os Estados possam atravessar todas essas mutações contínuas e permanecer de pé[162].

Após referir-se a esse processo cíclico, chega, assim como o historiador grego, à mesma solução: o governo misto. A República Romana, por sua *virtù* e com a contribuição, sempre indispensável da *fortuna*, havia alcançado a estabilidade política, tão necessária à sua inigualável grandeza, quando, sabiamente, combinou, em suas instituições, os elementos fundamentais das três formas boas: monarquia, aristocracia e democracia.

> Mas voltemos a Roma. Embora Roma não tivesse um Licurgo que no princípio a ordenasse[163] de tal modo que lhe permitisse viver livre por longo tempo, foram tantos os acontecimentos que nela surgiram, devido à desunião que havia entre a plebe e o Senado, que aquilo que não fora feito por um ordenador foi feito pelo acaso[164].

A República Romana é, na visão de nosso autor, um caso feliz de diálogo proveitoso entre a *virtù* e a *fortuna*. Continua:

> Porque Rômulo e todos os outros reis fizeram muitas e boas leis, ainda em conformidade com a vida livre: mas, como sua finalidade foi fundar um reino, e não uma república, quando aquela cidade se tornou livre, faltavam-lhe muitas coisas que cumpria orde-

---

162. Cf. MAQUIAVEL, N. *Discursos sobre a primeira década de Tito Lívio*. Op. cit. Livro primeiro, cap. 2, p. 17.

163. Maquiavel faz menção a Esparta, cuja constituição mista fora idealizada pelo legislador Licurgo. Roma, diversamente, alcançara a perfeição de maneira gradual, quase que de modo natural.

164. MAQUIAVEL, N. *Discursos sobre a primeira década de Tito Lívio*. Op. cit. Livro primeiro, cap. 2, p. 18.

nar em favor da liberdade, coisas que não haviam sido ordenadas por aqueles reis[165].

Em seguida, afirma:

> E, se bem que aqueles seus reis perdessem o poder pelas razões e nos modos narrados, aqueles que os depuseram, ao constituírem [...] imediatamente dois cônsules para ficarem no lugar dos reis, na verdade depuseram em Roma o nome, mas não o poder régio: de tal forma que, como só tivesse cônsules e senado, aquela república vinha a ser mescla de duas qualidades das três acima citadas, ou seja, principado e optimates (aristocratas)"[166].

Mas a história romana ainda seria sobressaltada pelas sublevações populares. Foi aí que a *virtù*, casada com a *boa fortuna*, deu vida ao perfeito modelo constitucional romano.

> Faltava-lhe apenas dar lugar ao governo popular: motivo por que, tornando-se a nobreza romana insolente pelas razões que abaixo se descreverão, o povo sublevou-se contra ela; e assim, para não perder tudo, ela foi obrigada a conceder ao povo a sua parte, e, por outro lado, o Senado e os cônsules ficaram com tanta autoridade que puderam manter suas respectivas posições naquela república. E assim se criaram os tribunos da plebe, tornando-se assim mais estável o estado daquela república, visto que as três formas de governo tinham sua parte[167].

E conclui:

> E foi-lhe tão favorável a fortuna (a Roma) que, embora se passasse do governo dos reis e dos optimates ao povo, por aquelas mesmas fases e pelas mesmas razões acima narradas, nunca se privou de autorida-

---

165. Op. cit.

166. MAQUIAVEL, N. *Discursos sobre a primeira década de Tito Lívio*. Op. cit. Livro primeiro, cap. 2, p. 18-19.

167. Ibid. p. 19.

de o governo régio para dá-la aos optimates; e não se diminuiu de todo a autoridade dos optimates, para dá-la ao povo; mas, permanecendo *mista*, constituiu-se uma república *perfeita* [...][168] (grifos nossos).

Roma, dessa maneira, é o ideal. Lá, os cidadãos, amantes do viver livre, souberam equilibrar as duas partes, sempre conflitantes, de uma cidade: *os grandes e o povo*.

Maquiavel verá, no sábio gerenciamento desse conflito universal, já que é comum a todos os quadrantes, a causa da liberdade e da força do povo romano. De modo oposto, a sua amada Florença não tinha apresentado o mesmo sucesso. Lá, o embate original entre a elite e a plebe havia se degradado em uma contínua luta de facção. Florença, assim, não demonstrara a mesma *virtù* que elevara Roma acima de todas as outras nações.

Com base nessas considerações, fica a certeza de que os *tumultos*, as desordens originais, quando bem regulados, como no caso de Roma, representam antes a vitória da liberdade – e do poderio – de um povo que o seu ocaso. Logo, não adianta impor a harmonia quando é na sensatez de perceber a força renovadora da desarmonia que reside a maior virtude. Eis a maior das lições de nosso florentino, o maior dos republicanos da Renascença italiana.

---

168. Op. cit.

Décima lição

O amor à pátria, a opção republicana e a ditadura transitória

Nas nove lições precedentes, enfocamos alguns temas centrais do manancial teórico maquiaveliano, iniciando pela natureza realista de seu método de análise, sempre preocupado em detectar os reais contornos do exercício do poder. A seguir, tratamos de sua perspectiva antropológica, tentando evidenciar a forma pessimista em que se traduz, para ele, a natureza humana. Após uma breve investigação sobre seu pensamento acerca da história, encetamos uma discussão a respeito do famoso par conceitual, uma constante em seus textos, *fortuna* e *virtù*. Também se definiu esta (*virtù*) como sendo a capacidade de adaptação do governante às novas circunstâncias políticas advindas inesperadamente, o que o torna um homem de êxito. Tecemos várias considerações sobre a autonomia da política e o real significado do substantivo *maquiavelismo*. Em nosso entender, este é um conceito congruente com a noção de Razão de Estado, colocando-se, portanto, bem distante da visão vulgar que o identifica como uma ação torpe e vil, que tem por fim prejudicar outrem em próprio benefício.

A seguir, nas últimas três lições, abordamos três temáticas sobre as quais ainda não havíamos nos debruçado em outros estudos: a defesa da religião civil dos romanos como mais propícia a um povo que almeja liberdade e grandeza (sétima lição); a visão militar de Maquiavel, ocasião em que se ressaltou sua crença na superioridade de um exército de cidadãos ante a pusilanimidade das tropas mercenárias que – corruptas e mal treinadas – faziam a Itália sangrar (oitava lição); e, na lição precedente, como um introito às questões que agora serão tratadas, discorremos acerca da teoria maquiaveliana das formas de governo, concluída com a nossa convicção a respeito do pendor republicano de nosso chanceler. A todas essas discussões antecedeu-se um relato histórico sobre a Renascença e a fragmentação política italiana, tão cruciais para uma tentativa de desvelar as reais motivações de nosso ilustre secretário.

Agora, nesta última parte do livro, tentaremos oferecer um arremate interpretativo – dentro dos limites deste trabalho – ao enigma Maquiavel. Ou seja, como situá-lo ideologicamente? Era ele um verdadeiro teórico de tiranias, como entende o senso comum? Ou, contrariamente, era um republicano angustiado com o esfacelamento político de sua pátria em meio àquele novo mundo caracterizado por Estados nacionais centralizados? Além destas diametralmente opostas apreciações interpretativas, há um sem-número de teorias; contudo, aqui, devotar-nos-emos a tentar solucionar – sempre convictos do inevitável triunfo de Maquiavel sobre seus intérpretes – essa abissal desconformidade hermenêutica. Tal aparente paradoxo decorre das contradições ideológicas que cercam as obras mais importantes de nosso diplomata: *O príncipe* e os *Discursos*. O primeiro, equivocadamente interpretado como o *breviário dos tiranos*; o segundo, dedicado à exaltação do governo republicano.

Comecemos transcrevendo um trecho, extraído de um famoso manual de filosofia política, que bem reflete a postura preponderante, pelo menos entre os leitores em geral, a respeito do ideário de Maquiavel.

> O *italiano Maquiavel*, o francês Bodin, o inglês Hobbes, e Bossuet, o grande bispo, ornamento da Igreja de França: que laço intelectual pode unir esses autores díspares, através das diferenças de época e de lugar que os separam? Esse laço existe e é fortíssimo: é o laço da causa que todos, em última análise, e por diferentes ma-

neiras, serviram. A causa do poder irrestrito de um só: *o absolutismo monárquico*[169] (grifos nossos).

Chevallier, assim, proclama a perspectiva rotineira de que o secretário florentino prefere o governo de um só: a monarquia. De fato, certos extratos de *O príncipe* podem insinuá-la. Percebemo-la, por exemplo, quando o chanceler de Florença afirma: "Quem se torna senhor de uma cidade habituada a viver livre, e não a destrói, será destruído por ela, porque ela sempre invocará, na rebelião, o nome de sua liberdade e de sua antiga ordem, as quais nem o passar do tempo nem os benefícios jamais farão esquecer"[170]. No cap. XVIII, já citado em outra parte deste trabalho, afirma que o governante será louvado por todos caso obtenha o resultado desejado, e os meios, por ele utilizados, serão sempre julgados honrosos[171]. Ainda sobre ações cruéis por parte do governante, chega a apregoar o assassinato político, com grande dose de descaso, quando, em seu opúsculo, enfatiza: "Daí se há de observar que os homens devem ser mimados ou aniquilados, porque se é verdade que podem vingar-se das ofensas leves, das grandes não o podem; por isso a ofensa que se fizer a um homem deverá ser de tal ordem que não se tema a vingança"[172].

Tais preleções, sem dúvida, podem sugerir, ou mesmo autorizar, a pecha, tão comum, de panegirista de regimes tirânicos que nosso autor carrega. Porém, imiscuindo-nos nas entrelinhas de seu texto, percebemos, no silêncio de proposituras não expressamente formuladas, os ecos de um discurso que, implícito, só pode ser detectado à custa de certa atitude reflexiva.

Será que ao pronunciar-se pela destruição de uma república livre como a melhor maneira de o príncipe novo lidar com essa forma de governo, Maquiavel não está, na contra-

---

169. CHEVALLIER, J.-J. *As grandes obras políticas de Maquiavel até nossos dias*. 3. ed. Rio de Janeiro: Agir, 1986, p. 16 [Trad. de L. Christina].
170. MAQUIAVEL, N. *O príncipe*. Op. cit., cap. V, p. 22.
171. Ibid., cap. XVIII, p. 85-86.
172. Ibid., cap. III, p. 10.

partida do expressamente estabelecido, enaltecendo os valores republicanos? Não está ele, de forma oculta, legando-nos a mensagem de que povos livres, exatamente por serem senhores de seus destinos, jamais aceitarão a opressão? Não será exatamente por esse fato – ou seja, a ideia de que a liberdade é um valor inegociável – que nosso diplomata, no final do cap. V, diz que "nas Repúblicas há mais vida e a recordação das antigas liberdades nunca as deixa?"[173]

Quanto ao trecho do cap. XVIII, deve-se entender que nele o florentino fala ao governante que tem a difícil missão de unificar a Itália, intento para o qual o mais perverso dos meios que se utilize será justificado pelo resultado que se obtiver. É lícito ler as aulas de pragmatismo político do cap. XVIII sem vinculá-las ao ideal patriótico do cap. XXVI? Nesta parte do breviário, ressaltando o bem maior da unificação, adverte: "Não se deve, portanto, perder a ocasião para que a Itália, depois de tanto tempo, veja o seu redentor"[174]. E, abandonando o tom ácido do restante do livro, serve-se de um certo lirismo poético, quando exclama: "Não posso exprimir com que amor ele seria recebido em todas as províncias que sofreram devido a esses aluviões externos, com que sede de vingança, com que obstinada fé, com que piedade, com que lágrimas!"[175] Depois, indaga: "Que portas se lhe fechariam? Que povo lhe negaria obediência? Que italiano se negaria a servi-lo?"[176]

Não se trata, portanto, do poder pelo poder. De modo inverso, o realismo político de Maquiavel está em perfeita consonância com seu amor à pátria. *Pragmatismo* e *sonho* podem ser termos aparentemente contraditórios em si mesmos, mas, de fato, entretecem-se nas elaborações de nosso chanceler.

---

173. Ibid., cap. V, p. 22.
174. Ibid., cap. XXVI, p. 126.
175. Op. cit.
176. Op. cit.

É essa força patriótica, presente em *O príncipe*, que nem sempre é observada, fazendo pairar uma atmosfera de perversidade sobre a personalidade impactante do velho secretário. Destarte, o eterno breviário das monarquias absolutistas, como a grande maioria dos leitores o vê, nada mais é que um elogio à liberdade daqueles que ainda tinham vivas na memória os feitos da antiga Roma.

> É preciso notar que o detentor (individual ou coletivo), do poder de Estado, que pode e deve fazer tudo para garanti-lo, não poderia ser assimilado a um tirano: Maquiavel faz seu o ódio dos romanos pela tirania, que não tem por fim o triunfo do Estado, mas o capricho de quem dele se apoderou[177].

Muito ao contrário, como afirma Sabine: "A conservação do Estado, à diferença de sua fundação, depende da excelência de suas leis, já que estas são a fonte de todas as virtudes cívicas de seus cidadãos. [...]. Disse explicitamente que o governo é mais estável quando nele participa a maioria e preferia a eleição à herança como método de escolher governantes"[178].

A grande certeza que sobressai de seus escritos é que: "O fim do Estado é o único bem em si mesmo, é o bem comum. O príncipe, novo ou velho, é um bom príncipe na medida em que é um homem excepcional trabalhando pelo bem comum"[179].

Sobrepõe-se, portanto, à figura de um Maquiavel detratado pela história como conselheiro de monarcas cruéis, o personagem que pugna pelo ideal republicano, encarnado na Roma Antiga, de um governo estabelecido com respeito às leis e ao povo. Realça-se, agora, o humanista detentor dos altos ideais do republicanismo.

---

177. PISIER, E. *História das ideias políticas*. Barueri: Manole, 2004, p. 39 [Trad. de M.A.F.C. Antonio]. O mesmo texto pode ser encontrado em CHÂTELET, F.; DUHAMEL, O. & PISIER-KOUCHNER, E. *História das ideias políticas*. Rio de Janeiro: Zahar, 1997, p. 39 [Trad. de C.N. Coutinho].

178. SABINE, G.H. Op. cit., p. 260.

179. GRAZIA, S. *Maquiavel no inferno*. São Paulo: Companhia das Letras, 1993, p. 201 [Trad. de D. Bottman].

Burnham, sobre esse tema, elucida que nosso florentino, como qualquer outro protetor da liberdade, não tem confiança nos indivíduos, já que estes, conduzidos por ambições ilimitadas, são sempre corrompidos pelo poder. De modo inverso, os homens podem ser disciplinados dentro da estrutura estabelecida por leis sensatas, não se permitindo a qualquer pessoa ou magistrado alçar-se por sobre as regras estabelecidas[180].

Como aduz-nos Bignotto, Maquiavel, em momento algum, deixou de manifestar sua preferência pelo regime republicano[181]. Este é, por conseguinte, um regime de leis, um governo constitucional no linguajar hodierno, em que a vontade de seus membros está sempre submetida à vontade de todos, expressa nas leis que são adotadas por ocasião da fundação do regime livre[182].

Maquiavel era legítimo herdeiro do humanismo cívico, movimento cujas preocupações principais estavam umbilicalmente ligadas à vida política e à busca das melhores soluções para os problemas que afligiam os habitantes das pequenas cidades italianas, que intentavam manter-se independentes face às aspirações universalistas do Sacro Império e da Sé.

Na defesa dos valores inegociáveis do republicanismo, o segundo chanceler encontrou precursores em estadistas como Coluccio Salutati (1331-1406), Leonardo Bruni (1370-1444) e Poggio Bracciolini (1380-1459), homens preocupados com a participação dos cidadãos nos negócios de suas cidades.

O secretário, entretanto, ofereceria uma interpretação radical desse ideário republicano, abandonando uma certa posição aristocrática, comum nos seus predecessores acima elencados, para propor um republicanismo popular[183].

---

180. Cf. BURNHAM, J. Op. cit., p. 69-70.
181. Cf. BIGNOTTO, N. *Maquiavel*. Op. cit., p. 38.
182. Ibid., p. 45.
183. Ibid., p. 42.

Um exemplo dessa assertiva está presente no cap. 5 do Livro primeiro dos *Discursos*, em que Maquiavel discute a quem deve ser confiada a guarda pela defesa da liberdade. Vejamos suas palavras:

> E, indo às razões, direi, vendo primeiro o lado dos romanos, que se deve dar a guarda de uma coisa àqueles que têm menos desejo de usurpá-la. E sem dúvida, se considerarmos o objetivo dos nobres e dos plebeus [...], veremos naqueles grande desejo de dominar e nestes somente o desejo de não ser dominados e, por conseguinte, maior vontade de viver livres, visto que podem ter menos esperança de usurpar a liberdade do que os grandes; de tal modo que, sendo os populares encarregados da guarda de uma liberdade, é razoável que tenham mais zelo e que, não podendo eles mesmos apoderar-se dela, não permitirão que outros se apoderem[184].

A percepção sagaz do diplomata florentino tenta demonstrar que aqueles que se identificam com o elemento popular têm mais interesse em defender a República porque nela há mais garantias para seus direitos. Enquanto os aristocratas teriam mais motivos para conspirar contra ela[185].

Na verdade, Maquiavel é um crítico das repúblicas aristocráticas, a exemplo de Veneza, exaltando, de modo contrário, a Roma republicana, onde o elemento popular possuía mais canais de participação. Roma é um grande farol a iluminar as ideias do florentino. É nos *Discursos* – sua obra mais importante, embora menos conhecida – que ele delineia todo o seu repertório de ideias republicanas. Segundo Bobbio – enquanto *O príncipe* seria uma obra mais de militância política, pois nele fala o homem preocupado com a unificação da Itália –, os *Discursos*, na densidade de suas mais de quatrocentas páginas,

---

184. MAQUIAVEL, N. *Discursos sobre a primeira década de Tito Lívio*. Op. cit. Livro primeiro, cap. 5, p. 24.

185. Cf. BIGNOTTO, N. *Maquiavel*. Op. cit., p. 43.

seriam um verdadeiro tratado de teoria política[186], sendo por isso, talvez, possível, neste livro, encontrar as grandes convicções de Maquiavel acerca da República. Observemos o que ele diz no cap. 58 do Livro primeiro dos *Discursos*:

> Ademais, vê-se que as cidades onde os povos são príncipes em curtíssimo tempo fazem conquistas excepcionais, tornando-se muito maiores que as outras que sempre foram governadas por um só príncipe, como ocorreu com Roma depois da expulsão dos reis e com Atenas depois que se libertou de Pisístrato. E isso só pode ser explicado por serem melhores os governos dos povos que os dos príncipes. [...]; porque, se forem expostas todas as desordens dos povos, todas as desordens dos príncipes, todas as glórias dos povos e todas as dos príncipes, ver-se-á que o povo, em bondade e glória, é muito superior[187].

Esse é o exemplo de Roma, que construiu sua grandeza na época da República e, a *contrario sensu*, encontrou sua decadência com o descontrole do Império.

Em outro ponto do mesmo livro, chega a dizer que nas repúblicas bem organizadas há a possibilidade de o sistema de escolha dos governantes permitir que os governos virtuosos se sucedam até o infinito[188].

Maquiavel tem uma clara opção popular, pois, só em um governo desse matiz, o respeito às leis está mais assegurado. Assim, seria ele um cultor do governo da lei, não de um governo da lei de modelo aristocrático, como em Florença ou, na já citada Veneza, mas de uma forma quase que revolucionária, de um modelo democrático, o que fica patente em sua teoria do conflito de classes.

> Direi que quem condena os tumultos entre os nobres e a plebe parece censurar as coisas que foram a causa

---

186. Cf. BOBBIO, N. *A Teoria das Formas de Governo*. Op. cit., p. 83.

187. MAQUIAVEL, N. *Discursos sobre a primeira década de Tito Lívio*. Op. cit. Livro primeiro, cap. 58, p. 170-171.

188. Ibid., cap. 20, p. 79.

primeira da liberdade de Roma e considerar mais as assuadas e a grita que de tais tumultos nasciam do que os bons efeitos que eles geravam; e não consideram que em toda república há dois humores diferentes, o do povo, e o dos grandes, e que todas as leis que se fazem em favor da liberdade nascem da desunião deles [...][189]

Em seguida, enaltecendo ainda mais a noção de dissenso para o bom governo das leis, marcha contra toda a tradição do republicanismo florentino, dizendo:

> Portanto, não se pode dizer que tais tumultos sejam nocivos, nem que tal república fosse dividida, se em tanto tempo, em razão de suas diferenças, não mandou para o exílio mais que oito ou dez cidadãos, matou pouquíssimos e não condenou muitos ao pagamento de multas. E não se pode ter razão para chamar de não ordenada uma república dessas, onde há tantos exemplos de *virtù*, *porque os bons exemplos nascem da boa educação; a boa educação, das boas leis; e as boas leis, dos tumultos que muitos condenam sem ponderar: porque quem examinar bem o resultado deles não descobrirá que eles deram origem a exílios ou violências em desfavor do bem comum, mas sim a leis e ordenações benéficas à liberdade pública*[190] (grifo nosso).

Diferente dos medievais e dos humanistas que o antecederam, como também de seus contemporâneos – que viam na paz a condição da boa política, evitando, desse modo, os conflitos –, Maquiavel, antecipando a noção moderna de democracia e, ao mesmo tempo, vinculando-a a de república, mostra-nos que o dissenso é o motor das boas leis. Acreditava que os conflitos internos haviam sido responsáveis pela grandeza de Roma. Não se trata de uma defesa da guerra civil, mas de

---

189. Ibid., cap. 4, p. 21-22.
190. Ibid., p. 22.

disputas internas travadas dentro de um quadro institucional reconhecido por todos como legítimo[191].

Comentando a noção de *governo da lei* em Maquiavel e a sua contribuição à genealogia do *Estado de Direito*, Luca Baccelli consigna:

> "Governo da lei", em Maquiavel, não significa moderação, nem governo misto significa atribuição ao povo de um papel subordinado. Ao contrário, o "governo da lei" oferece a moldura institucional dentro da qual o conflito pode se realizar de formas virtuosas. Dentro dessa moldura, o conflito retroage sobre o quadro institucional, exprime-se em "leis e ordens" que favorecem a liberdade e o poder da República. Precisamente por isso o conflito sob o "governo da lei" não é um fato degenerativo, mas, ao contrário, opõe-se à tendência entrópica da República para a "corrupção"[192].

O segundo chanceler inverte, dessa maneira, a teoria tradicional que via no embate um mal inadmissível. Em suas ideias, o povo tem o papel de protagonista político, e este papel se desenvolve por meio da oposição de forças contrárias dentro de uma moldura institucional aceita por todos.

Sobre esse tema, e ressaltando o caráter revolucionário de nosso autor, Bobbio aduz que nessa concepção já se percebe uma antecipação moderna do conceito de sociedade civil, em que o bem-estar dos Estados não reside na harmonia forçada, mas nas lutas, nos conflitos, nos antagonismos que correspondem à primeira proteção da liberdade[193].

---

191. BIGNOTTO, N. Introdução aos discursos sobre a primeira década de Tito Lívio, de Nicolau Maquiavel. In: MAQUIAVEL, N. *Discursos sobre a primeira década de Tito Lívio*. Op. cit., p. XXXV.

192. BACCELLI, L. Maquiavel, a tradição republicana e o Estado de Direito. In: COSTA, P. & ZOLO, D. (orgs.). *O Estado de Direito*: história, teoria, crítica. São Paulo: Martins Fontes, 2006, p. 529 [Trad. de C.A. Dastoli].

193. Cf. BOBBIO, N. *Teoria das Formas de Governo*. Op. cit., p. 93.

Esse modelo de republicanismo legado por Maquiavel é inovador, sendo uma ruptura em relação ao modo de ver a República como devendo ser administrada pelos *gentis-homens*.

Segundo Skinner, o secretário florentino observa que há uma grande contradição nessa visão humanista de que a discórdia era o maior mal às liberdades. Para essa visão, as liberdades só podiam ser perpetuadas promovendo-se a *virtù*, e que esta somente se realizava se os cidadãos tivessem intensa participação nos negócios políticos. Todavia, não conseguiam enxergar que os "tumultos" da Roma Antiga resultavam precisamente de uma plena participação política e, por via de consequência, expressavam a mais alta *virtù*. Os contemporâneos de Maquiavel não conseguiam alcançar o que ele considerava a percepção fundamental do político, a ideia de que todas as leis que favorecem a liberdade decorrem do choque entre as classes e, então, o conflito de classes não é o solvente, mas o cimento de uma República virtuosa[194].

Logo, percebe-se que: "A liberdade, tão adorada pelos florentinos, mas tão pouco realizada, é o produto de forças em luta, o resultado de um processo que não pode ser extinto com o tempo. Os conflitos são os produtores da melhor das instituições, e não o elemento incongruente de um período infeliz na história de um povo"[195].

Muito embora o republicanismo do pensador florentino seja patente nos *Discursos*, essa visão dos conflitos espraia-se pelo resto de seus escritos. Por exemplo, na *História de Florença*, obra que escreveu por solicitação do Cardeal Giulio de Medici, alega: "As guerras externas e a paz interna haviam como que extinguido em Florença os partidos gibelinos e guelfos; ficaram acesos apenas os *humores* que naturalmente

---

194. Cf. SKINNER, Q. *As fundações do pensamento político moderno*. São Paulo: Companhia das Letras, 1996, p. 201-202 [Trad. de R.J. Ribeiro e L.T. Motta].

195. BIGNOTTO, N. *Maquiavel republicano*. Op. cit., p. 85.

costumam existir em todas as cidades entre os poderosos e o povo; porque, visto que o povo quer viver de acordo com as leis, e os poderosos querem comandá-las, não é possível que se ajustem"[196] (grifo nosso).

Nesta passagem, como em outras já citadas neste ensaio, nota-se, claramente, que o povo é mais confiável, já que aceita o império da lei, enquanto os grandes querem estar acima delas. Até mesmo em *O príncipe*, opúsculo nitidamente dedicado à arte de governar o principado novo, fica patente a admiração que Nicolau demonstra pelo poder do povo: "[...] não se pode satisfazer honestamente aos grandes sem injuriar aos outros, mas ao povo sim, porque seus fins são mais honestos que o dos grandes, visto que estes querem oprimir enquanto aqueles querem não ser oprimidos"[197].

Contudo, apesar de todas as fibras de um verdadeiro pensamento republicano, não podemos olvidar que, em *O príncipe*, o chanceler de Florença escreve aos governantes, fato que nos faz – apesar de todas as provas literárias, aqui externadas, de sua opção popular – tentar encontrar uma solução interpretativa para fornecer uma resposta plausível àqueles que, com base em *O príncipe*, consideram-no um corifeu de regimes absolutistas. Afinal de contas, em seu opúsculo, é indiscutível a ideia de violência política, o elogio do uso da força nos negócios políticos. A questão que se nos afigura é: se Maquiavel é um defensor da liberdade – e principalmente de que esta deve ser assegurada por meio de um governo da lei, em que a existência dos conflitos é essencial para a edificação de um ordenamento jurídico justo –, por qual motivo escreveu um breviário em que ensina a arte de governar a qualquer custo; em que a opressão é um meio legítimo de conquistar e manter o poder? Não é um paradoxo?

---

196. MAQUIAVEL, N. *História de Florença*. Op. cit. Livro segundo, cap. 12, p. 94-95.
197. MAQUIAVEL, N. *O príncipe*. Op. cit., cap. IX, p. 44.

Algo que, aparentemente pode gerar uma certa confusão, se comparado a tudo que foi dito até aqui, é esta passagem dos *Discursos*, em que o florentino alude ao fato de que em uma república – em situações *extraordinárias* – quando "[...] tal modo (a ditadura) falta [...], é inevitável que, respeitando as ordenações (aqui, no sentido de leis), ela se arruíne, ou, para não se arruinar, as viole"[198].

Ora, esta afirmação não é uma investida feroz contra o que já foi argumentado nas últimas laudas sobre o espírito republicano de Maquiavel?

Não, não é, pois o vocábulo "extraordinárias" muda o tom do discurso. Maquiavel é um fomentador do governo da lei, mas percebe que, em situações extremas, quando a república tem de perpetuar a sua própria sobrevivência, os remédios têm que ser extremos e, portanto, recorre-se à *ditadura*.

Ao utilizar-se a palavra ditadura, invoca-se, de pronto, toda uma carga negativa que a palavra originalmente não possuía.

Bobbio, sobre este vocábulo, diz-nos que ao tempo em que a democracia foi absorvida por todos como a forma de governo ideal, ou, pelo menos, como a mais adequada às sociedades economicamente, civilmente e politicamente mais evoluídas, a tipologia tradicional das formas de governo foi simplificada, polarizando-se em torno da dicotomia democracia/autocracia. Contudo, afirma o filósofo italiano que, no uso corrente, veio a prevalecer – como segunda parte da dicotomia – não o termo autocracia, mas *ditadura*. Tal palavra passou a designar, portanto, todos os governos que não são democracias e que nascem derrubando democracias precedentes[199], referindo-se aos regimes antidemocráticos con-

---

198. MAQUIAVEL, N. *Discursos sobre a primeira década de Tito Lívio*. Op. cit., cap. 34, p. 108.

199. Cf. BOBBIO, N. *Estado, governo, sociedade:* para uma Teoria Geral da Política. 4. ed. São Paulo: Paz e Terra, 1995, p. 158 [Trad. de M.A. Nogueira].

temporâneos que se instauram, de fato, subvertendo a ordem jurídico-política preexistente.

Desse modo, ao adotarmos o vocábulo *ditadura* com o intuito de qualificarmos o governo de um determinado Estado, imaginamos logo uma situação política que não admite a oposição como forma legítima de construir a *virtus* republicana, mas, de modo oposto, a dissidência é totalmente perseguida e massacrada. O século XX foi pródigo na proliferação desses regimes tirânicos que, à custa do sacrifício de vidas humanas, tentaram impor a sua verdade absoluta, sua ética inquestionável. Vêm-nos à mente, de súbito, como arautos deste modelo governamental, as figuras de um Stalin, Hitler, Franco ou Salazar, além dos tantos que afloraram em nossa América Latina em toda a sua história, marcadamente na segunda metade do século passado.

Todavia, Bobbio continua sua preleção tentando recuperar a ideia original que o termo *ditadura* enseja. Informa-nos que, assim como *despotismo* e *autocracia*, também *ditadura* tem sua origem na Antiguidade Clássica, só que, de maneira diversa dos seus, aparentemente, congêneres, com uma conotação positiva. Torna essa ideia mais clara a noção de que, na República Romana, chamava-se *dictator* a um magistrado extraordinário, instituto criado por volta de 500 a.C. e mantido até o final do século III a.C. O ditador era nomeado por um dos cônsules em circunstâncias excepcionais, como a condução de uma guerra ou para pôr fim a uma sublevação, e ao qual eram conferidos – como corolário do caráter de excepcionalidade da situação – poderes extraordinários. A discricionariedade de seu poder era equilibrada pela sua temporariedade, isto é, o detentor desta magistratura era nomeado apenas para duração do dever excepcional que lhe fora confiado, não permanecendo no posto por um lapso de tempo maior que seis meses e não maior do que a permanência em cargo do cônsul que o havia indicado. Destarte, o ditador consubstanciava-se como um magistrado extraordinário – de modo diferente dos demais que exerciam suas funções em situação de normalidade constitucional –, porém legítimo, já que a sua nomeação era prevista pelas leis e seu poder justificado pelo estado de necessidade – de crise institucional pela qual passava a República[200].

Mommsen relata-nos que os limites de duração da *ditadura* estavam fixados de uma maneira mais estrita que os da magistratura suprema regular (consulado), ou seja, uma vez desempenhada sua missão, o ditador entregava o cargo, o qual se extinguia de acordo com a lei[201].

Acacio Vaz de Lima Filho assevera que o *ditador*, normalmente, já havia sido cônsul e que, na prática, um cidadão apenas podia chegar à ditadura após os 36 anos de idade, depois de ter passado por diversos cargos públicos, tendo tido ocasião de se exercitar no trato dos assuntos da República[202]. Dessa forma, o homem que chegava a ocupar este cargo era já maduro e, claro, com experiência militar.

Bobbio, ao falar do sentido positivo do vocábulo *ditadura*, não se furta a dizer que grandes escritores políticos ofertaram um juízo positivo desta magistratura. De imediato, vem-lhe à mente Maquiavel, que trata do tema nos *Discursos*[203].

No cap. 33 do Livro primeiro dos *Discursos*, Nicolau define o ditador como sendo aquele cidadão ao qual é atribuído, no intento de contornar os perigos mais iminentes, o direito de decidir sem ter que consultar ninguém, agindo sem apelo[204].

---

200. Ibid., p. 159.

201. Cf. MOMMSEN, T. *Compendio del Derecho Publico Romano*. Pamplona: Analecta, 1999, p. 275.

202. Cf. LIMA FILHO, A.V. *O poder na Antiguidade*: aspectos históricos e jurídicos. São Paulo: Ícone, 1999, p. 180.

203. Cf. BOBBIO, N. *Estado, governo, sociedade*: para uma Teoria Geral da Política. Op. cit., p. 160.

204. MAQUIAVEL, N. *Discursos sobre a primeira década de Tito Lívio*. Op. cit. Livro primeiro, cap. 33, p. 102-103.

No capítulo seguinte, diz que "[...] o ditador era nomeado por certo tempo, e não em caráter perpétuo, e apenas para obviar a situação pela qual fora criado [...]"[205].

Prossegue afirmando – o que demonstra mais uma vez o aspecto constitucional do cargo –, que o ditador "[...] não podia fazer nada que representasse diminuição para o Estado, tal como privar o Senado ou o povo de autoridade, destruir as antigas ordenações da cidade e criar novas"[206].

Mostrando a indispensabilidade da ditadura a qualquer Estado que queira sobreviver, enfatiza que: "[...] de fato, dentre as outras ordenações romanas, essa é uma que merece ser considerada e enumerada entre as que ensejaram a grandeza de tão grande império; pois sem semelhante ordenação dificilmente as cidades se sairão bem dos acontecimentos extraordinários"[207].

Logo depois, conclui sentenciando que "[...] as repúblicas que, nos perigos urgentes, não encontram refúgio num *ditador* ou em uma *autoridade semelhante* sempre se arruinarão nos graves acontecimentos"[208] (grifos nossos).

Isso nos conduz ao que enunciamos, na sexta lição, sobre a supremacia do interesse coletivo sobre os direitos individuais, quando as conjunturas insinuam a dissolução do Estado, devendo o governo recorrer a medidas excepcionais como, por exemplo, o estado de exceção, instituição equivalente, nos dias atuais, à ditadura romana.

Maquiavel observa, de forma muito eficaz, que a ditadura não se transmudou em tirania, exatamente porque aqueles que ocupavam tal magistratura excepcional não podiam produzir leis. De modo diverso, os decênviros – dez cidadãos que eram escolhidos pelo povo para legislar – apesar de terem sido estabelecidos por sufrágio popular, logo se transfor-

---

205. Ibid., cap. 34, p. 107.
206. Ibid.
207. Ibid.
208. Ibid., cap. 34, p. 108.

maram em tiranos, já que governavam sem limite de qualquer lei e por um longo período. Assim que foram empossados, os decênviros aboliram os cônsules e os tribunos e arrogaram-se o direito de promulgar leis, conduzindo-se com uma autoridade que pertencia exclusivamente ao povo. Já o poder do ditador era discricionário, mas não arbitrário, visto que governava na presença dos tribunos, dos cônsules e do Senado, não podendo desrespeitar a autoridade deles[209]. Esse é o verdadeiro sentido do Estado de Exceção moderno (Estado de Sítio), que vai buscar sua instituição matriz (a ditadura) nos longínquos tempos romanos.

Carlo Baldi, comentando o conceito de Estado de Sítio, explica que, com essa terminologia, se pretende indicar um regime jurídico excepcional a que a ordem estatal é temporariamente sujeita, em razão de uma situação de perigo iminente para a ordem pública, que atribui poderes extraordinários às autoridades públicas e impõe as adequadas restrições às liberdades civis[210].

Pode-se dizer que este instituto jurídico de emergência constitui-se, portanto, como a Razão de Estado constitucionalizada. Ou seja, a fim de se evitar os abusos governamentais – ou, de outra forma, a definição de que remédios extremos deveriam ser aplicados ao arbítrio do chefe de Estado – os Estados democráticos modernos – apesar de terem consagrado, em situação de normalidade política, a salvaguarda dos direitos individuais e das liberdades públicas –, como medida de precaução, decidiram por regular à luz de suas constituições a possível subtração desses mesmos direitos, a fim de resolver uma situação de crise.

Com isso, termina-se por evitar que o detentor do mando quebre, a seu bel-prazer, a legalidade, impondo decisões arbitrárias, sob a justificativa de estar tentando assegurar a paz

---

[209]. Ibid., cap. 35, p. 109-110.
[210]. Cf. BALDI, C. Estado de Sítio. In: BOBBIO, N.; MATTEUCCI, N. & PASQUINO, G. *Dicionário de Política*. Op. cit. Vol. 1, p. 413.

social, em uma conjuntura que ele, por sua própria conta, entende ser de crise.

O certo é que a lei marcial ou Estado de Sítio, longe de serem utilizados contra a democracia, são, ao contrário, uma garantia de que a força será utilizada em tempo predeterminado constitucionalmente, a fim de justamente consagrar as liberdades.

Maquiavel – como já colocado em outra parte – não cunhou a expressão Razão de Estado, porém, sem dúvida é o seu maior inspirador nos tempos modernos. A noção de que a soberania deve ser mantida custe o que custar, está patente em sua obra política e, como já vimos, a figura da ditadura é considerada por ele como uma magistratura sem a qual a República Romana, em seu apogeu, não teria resistido às situações políticas adversas.

Desse modo, temos agora a missão de arquitetar uma solução interpretativa que equacione o amor do secretário aos grandes valores republicanos, expressos especificamente nos *Discursos*, com a defesa de métodos violentos e pragmáticos de conquistar e assegurar o poder exposta em *O príncipe*.

Em certa parte de seu famoso manual *História da filosofia*, parecendo destacar a ideia da violência política defendida em *O príncipe*, Giovanni Reale e Dario Antiseri, colocam que Maquiavel:

> [...] chega a dizer, inclusive, que o soberano pode se encontrar em condições de ter que aplicar métodos extremamente cruéis e desumanos. Quando são necessários remédios extremos para males extremos, ele deve adotar tais remédios extremos e, de qualquer forma, evitar o meio-termo, que é o caminho do compromisso, que de nada serve, sendo sempre e somente de extremo dano[211].

Mais adiante, no entanto, parece que os filósofos solucionaram o problema ao declararem que: "O ideal político de

---

[211]. REALE, G. & ANTISERI, D. *História da filosofia:* do humanismo a Kant. Vol. II, 3. ed. São Paulo: Paulus, 1990, p. 129.

Maquiavel, porém, não é o príncipe por ele descrito, *que é muito mais uma necessidade do momento histórico*, mas sim o da República Romana, baseada na liberdade e nos bons costumes"[212] (grifo nosso).

Com base nisso, podemos caminhar, então, no sentido de ver, em *O príncipe*, a construção intelectual que obedece a uma conjuntura. O Maquiavel dessa obra é o que almeja ver a Itália liberta a qualquer preço, logo, para ele, só um poder forte de exceção seria capaz de unificar a península, desvencilhando-a do poderio estrangeiro. Isto posto, o diplomata florentino vislumbra a criação daquela figura que representa o ditador de uma transição – e não um monarca hereditário – responsável por conduzir o destino dos italianos novamente à liberdade.

Essa ditadura de transição seria, em nosso entendimento, o Estado de Exceção que poria fim ao sofrimento italiano, fundando a República, verdadeira convicção ideológica de nosso chanceler. Para nós, essa situação transicional seria inspirada na figura do ditador constitucional romano que, na vigência do *tumultus*[213], com poderes extraordinários, restabeleceria a paz.

Maurizio Ricciardi afirma que o principado civil ou, na nossa opinião, a ditadura: "É, finalmente, uma solução excepcional, e na exceção, o príncipe idealizado por Maquiavel é posto à prova, sendo a encarnação de um modo extraordinário de enfrentar a crise, no momento em que os modos ordinários são impotentes diante da desafeição para com a coisa pública"[214].

---

212. Ibid., p. 131.

213. Situação de emergência provocada por uma guerra externa ou situação de caos interno. Cf. AGAMBEM, G. *Estado de Exceção*. São Paulo: Boitempo, 2004, p. 67 [Trad. de I. Poleti].

214. RICCIARDI, M. A República antes do Estado – Nicolau Maquiavel no limiar do discurso político moderno. In: DUSO, G. (org.). *O poder* – História da filosofia política moderna. Petrópolis: Vozes, 2005, p. 42 [Trad. de A. Ciacchi, L. da Cruz e Silva e G. Tosi].

Diogo Freitas do Amaral salienta que – mesmo demonstrando sua preferência política pela República – Maquiavel reconhece a existência de casos em que o governo forte de um só homem é absolutamente necessário. Cita o autor português três casos: o primeiro é a fundação de um novo Estado; o segundo caso é o da reforma integral das instituições de um Estado já existente[215]; e, no que diz respeito ao terceiro, informa-nos que:

> Uma terceira hipótese em que Maquiavel aposta claramente no poder pessoal de um só é a de haver circunstâncias extraordinárias de grave perigo público que leve os órgãos constitucionais normalmente competentes a confiar a salvação da pátria a um homem providencial por um período determinado, durante o qual ele fica legalmente autorizado a usar de plenos poderes para restabelecer a normalidade da vida coletiva: era o que na antiga Roma se chamava a ditadura[216].

Logo a seguir, destaca a relevância que nosso diplomata vê na ditadura, quando observa que "[...] Maquiavel faz o elogio desta instituição romana, e entende que todos os regimes precisam dela"[217].

Já expusemos antes que *O príncipe* é dedicado ao príncipe novo, por isso não àquele que herdou o principado do antecessor, e sim àquele que, combinando força e astúcia, usurpa-o dotando o Estado de novas leis. Esse príncipe novo não condiz com a figura de um monarca que, alçando-se ao poder por hereditariedade, é portador de uma legitimidade que não interessa a Maquiavel, afinal a realidade de sua Itália é outra. Esta não possui poderes legítimos, tendo aquele que alcança

---

215. Cf. AMARAL, D.F. Op. cit., p. 205.
216. Ibid., p. 206.
217. Ibid.

o comando estatal de assegurar seu mando apenas com a sua *virtù* associada à boa *fortuna*.

Apesar de citar o caso do principado que é conquistado pelo crime, como já discutido na lição anterior, não nutre nenhuma admiração por ele, afirmando que os crimes perpetrados por Agátocles Siciliano e Liverotto da Fermo – apesar de propiciarem a conquista de Estados – não podem ser considerados *virtù*[218] devido à forma desinteressada com que foram cometidos.

Quanto aos principados hereditários, também já referidos, não lhes dá nenhuma importância em *O príncipe*, dedicando-lhes, apenas, um pequeno capítulo inicial, pois compreende que estes – acostumados à dinastia de seus príncipes – não são difíceis de governar[219].

A experiência das coisas de seu tempo lhe mostrava, então, que só com audácia se conquistavam principados e que estes, por quaisquer deslizes dos governantes, eram perdidos. Sua ambiência política conduzia-o a ver o caráter efêmero do domínio estabelecido pelos príncipes italianos.

Dessa feita, a estabilidade política de principados hereditários, como também – por que não lembrar – dos principados eclesiásticos, não é sua preocupação. Maquiavel não se detém em investigar ordens estatais legítimas[220].

O seu maior interesse se dirige aos principados novos, tão difíceis de serem conquistados e mantidos, necessitando, para tais desígnios, que seus governantes tenham muita habilidade, astúcia e destemor – em síntese, *virtù*.

---

218. MAQUIAVEL, N. *O príncipe*. Op. cit., cap. VIII, p. 38.

219. Ibid., cap. II, p. 5.

220. Cf. JERPHAGNON, L. *História das grandes filosofias*. São Paulo: Martins Fontes, 1992, p. 121 [Trad. de L.E.L. Brandão]. O autor afirma que Maquiavel não parte de verdades reconhecidas sobre os fundamentos da legitimidade.

O principado novo é, em nossa concepção, um tipo de ditadura. A figura do ditador está nele presente. É o homem que, com meios extraordinários, tomará o poder transitoriamente e tentará alcançar a legitimidade com suas ações em prol do bem comum. É aquele que unificará a Itália, restabelecerá a ordem e preparará o caminho para a República, o maior ideal do florentino.

É justamente por ter visto sua República morrer sem que seus governantes – principalmente Piero Soderini, maior autoridade florentina – utilizassem os tão essenciais meios extraordinários, outrora responsáveis por sanar as crises internas e externas na República Romana, que os defende com tanta desenvoltura. Dirige uma crítica feroz a Soderini que, em nome da liberdade, não deveria ter deixado os Medici vivos quando estes insinuavam o seu golpe de Estado. O tão querido gonfaloneiro vitalício[221] agia sempre com paciência e humanidade; enquanto as circunstâncias permitiram que assim procedesse, houve prosperidade no Estado; entretanto, quando chegou a hora de agir com a violência requerida para salvar a República, não soube fazê-lo[222].

Deve-se, todavia, indagar: pode mesmo um homem implantar uma república? Pinzani responde-nos ao dizer que nosso pensador exprime a certeza de que só um indivíduo poderia instituir ou reformar uma república, e que nisso consistia a missão do príncipe[223]. Destarte, o ideal de Maquiavel, para o autor italiano, seria a criação de um Estado independente, constituído pela mão de um príncipe capaz de dotar-lhe de uma constituição republicana garantidora da liberdade.

---

221. Cargo que Soderini exercia na República de Florença.

222. Cf. MAQUIAVEL, N. *Discursos sobre a primeira década de Tito Lívio*. Op. cit. Livro terceiro, cap. 9, p. 352-353.

223. Cf. PINZANI, A. *Maquiavel e O príncipe*. Rio de Janeiro: Zahar, 2004, p. 14-15.

O segundo chanceler externa essa convicção quando, de modo enfático, assevera: "E deve-se ter como regra geral que nunca, ou raramente, ocorre que alguma república ou reino seja, em seu princípio, bem-ordenado ou reformado inteiramente com ordenações diferentes das antigas, se não é ordenado por uma só pessoa; aliás, é necessário que um homem só dite o modo, e que de sua mente dependa qualquer dessas ordenações"[224].

No parágrafo seguinte, voltando ao tema recorrente das ações extraordinárias, diz que:

> Por isso, um ordenador prudente, que tenha a intenção de querer favorecer não a si mesmo, mas o bem comum, não sua própria descendência, mas a pátria comum, deverá empenhar-se em exercer a autoridade *sozinho*; e nenhum sábio engenho repreenderá ninguém por alguma *ação extraordinária* que tenha cometido para ordenar um reino ou constituir uma república. Cumpre que, *se o fato o acusa, o efeito o escuse*; e quando o *efeito for bom*, como o de Rômulo, *sempre o escusará*: porque se deve *repreender* quem é *violento para estragar, e não quem o é para consertar*[225] (grifos nossos).

Notam-se aí duas concepções: uma pragmática, que valoriza o êxito; outra, idealista, a de que o pragmatismo será utilizado em prol do interesse público. Nosso autor crê em um único legislador como força fundadora porque – apesar de republicano radical – a experiência lhe revela que, se a organização inicial do que quer que seja for determinada por muitos, as suas divergências vão impedi-los de concordar sobre o que é melhor. Isto significa que, havendo estabilidade, os conflitos – já antes aludidos – entre os dois *humores* – os

---

224. MAQUIAVEL, N. *Discursos sobre a primeira década de Tito Lívio*. Op. cit. Livro primeiro, cap. 9, p. 41.

225. Op. cit.

do povo e os dos nobres – serão salutares à liberdade, contudo, no momento primeiro deve haver o controle de um, ou, em outras palavras, do ditador. É perceptível que, malgrado o caráter avançado de suas ideias libertárias, os limites de sua época – uma época ricamente ligada à cultura greco-romana – terminam por impedi-lo de ver a importância do diálogo no instante fundacional da ordem política. Essa noção só virá, de fato, no século XVIII.

Chegamos neste ponto a algumas conclusões que enfeixam todas as ideias até aqui explicitadas: Maquiavel é um republicano e patriota que admira a ideia de um Estado livre, porém – a fim de alcançá-lo – constrói em *O príncipe* a figura de um ditador de transição – do príncipe novo – capaz de unificar sua pátria, dotá-la de leis justas e preparar o porvir republicano; essa figura ditatorial é inspirada na instituição da ditadura romana que era acionada – em situações excepcionais – a fim de, subtraindo direitos e liberdades, manter a paz e assegurar a *salvação pública*; essa instituição republicana da Antiguidade Romana, que é um modelo para nosso autor, seria a inspiração do que conhecemos modernamente como Estado de Sítio, Estado de Exceção, Lei Marcial etc.

Portanto, *O príncipe* trata da excepcionalidade daquele momento por que passa a Itália e que requer o uso da força a fim de instaurar uma ordem estatal moderna, estável e segura. Já os *Discursos*, sinalizam para a real propensão política de nosso secretário: a defesa intransigente do viver livre sob os auspícios de uma república bem-ordenada. A primeira obra retrata o presente – uma situação de crise – e almeja uma solução; a segunda, fala de estabilidade e pujança, logo, do passado e do futuro. Do passado grandioso da antiga República Romana e do futuro desejado por Maquiavel para a sua Itália. *O príncipe*, assim, traduz seu frio *realismo*; os *Discursos*, seu *idealismo* cívico e comovente.

Conclusão

Otto Maria Carpeaux – escritor austríaco, naturalizado brasileiro em 1944, crítico e ensaísta da literatura nacional e universal; alguém que poderia, longe de qualquer repreensão, ser considerado um erudito da Renascença devido à variedade de seus escritos – em seu trabalho monumental sobre a história da música, afirma que Beethoven (1770-1827) se mostra em público pela última vez em 1824 já impossibilitado de reger quando, em seu último triunfo, executam-se a IX Sinfonia e trechos da Missa *Solemnis*, vindo a morrer três anos mais tarde na miséria e já digno da posição que lhe é atribuída hoje – a de maior compositor moderno[226].

Morreu, contudo, sem saber que a maior expressão de seu espírito criativo – o 4º movimento da IX Sinfonia, denominado *Ode à alegria* – seria o hino oficial de uma Europa unificada que concretiza, a cada dia, seu sonho de fraternidade entre os povos, além de realizar o ideal kantiano da paz perpétua.

Maquiavel, assim como Beethoven, morreu também na pobreza – como relata Piero Maquiavel, filho do secretário, em carta endereçada a Francesco Nelli[227] – e sem ver seu maior sonho, a Itália unificada, concretizar-se. Este ideal só veio a se efetivar quando, com o *Risorgimento* em 1871, sob a liderança dos patriotas republicanos Mazzini e Garibaldi, a península deixou definitivamente de ser uma simples "expressão geográfica" e se tornou um dos Estados mais poderosos do mundo[228].

---

[226]. Cf. CARPEAUX, O.M. *O livro de ouro da história da música*: da Idade Média ao século XX. Rio de Janeiro: Ediouro, 2001, p. 194.
[227]. Cf. WHITE, M. *Maquiavel*: um homem incompreendido. Rio de Janeiro: Record, 2007, p. 307 [Trad. de J. Fuks].
[228]. Ibid. p. 325.

Porém, o diplomata florentino não era tão bem-visto quanto Beethoven quando de seu falecimento. *O príncipe* – que fora recebido, a princípio, com indiferença[229] –, na época da morte de seu autor já lhe trazia a má fama.

Busini, cronista florentino daquela época conturbada, diria que: "Por causa de *O príncipe* todos o detestavam; aos ricos parecia que aquele seu *Príncipe* era um documento para ensinar o duque a tirar-lhes todos os bens; aos pobres, toda a liberdade; aos Piagnoni[230] parecia herético; aos bons, desonesto; aos malvados, mais malvado, ou mais enérgico do que eles; assim, todos o detestavam"[231].

O príncipe fez de Maquiavel uma figura odiada, principalmente em meio às turbulentas mudanças – provocadas pela fermentação religiosa precipitada por Martinho Lutero – pelas quais passou o continente europeu no século XVI. Era detestado pelos católicos, que consideravam as suas ideias anticristãs; e desprezado pelos protestantes, que viam nas ações de alguns líderes católicos – em particular Catarina de Medici – a realização de suas prédicas. Mesmo no século XVII – marcadamente em 1640, quando *O príncipe* foi traduzido para o inglês –, Nicolau já era identificado como *old nick* –*velho nick* ou *satanás*, expressão já existente na cultura inglesa que foi utilizada nessa época pelos intelectuais britânicos para fazer um trocadilho com o seu nome de batismo – e considerado como a encarnação do diabo[232].

Não obstante, nesse mesmo século XVII, sua obra começa a ganhar defensores como James Harington, em seu livro *Oceana* (1656), e Algernon Sidney, em seus *Discursos sobre o governo* (1698). Uma geração depois, o respeitado intelec-

---

229. BURD, apud WHITE, M. Op. cit., p. 310.
230. Seguidores de Savonarola.
231. BUSINI, apud RIDOLFI, R. Op. cit., p. 282.
232. Cf. WHITE, M. Op. cit., p. 311.

tual John Trenchard rejeitou a visão corriqueira sobre Maquiavel ao analisar também as outras obras do italiano, especificamente os *Discursos* e *A arte da guerra*[233]. A partir daí, vários dos pensadores mais importantes do ocidente como Spinoza, Montaigne, Bacon, Rousseau, Hegel etc., foram, no perpassar dos séculos, resgatando as ideias do florentino e constantemente atualizando-as. Isto só foi possível pelo fato de a obra maquiaveliana expor questões que são, em essência, atemporais. Os temas por ele tratados: conquistar o poder, mantê-lo e exercê-lo, são discutidos desde os tempos mais longínquos registrados pela história, configurando-se como universais.

> Por se preocupar com as características humanas e retratar o que havia observado, suas ideias não só permaneceram intocadas pelo avanço dos séculos, mas também têm sido constantemente requisitadas por sucessivas gerações, que as adaptam para que supram suas necessidades[234].

Tomás Várnagy, sobre a perpetuidade dos escritos do secretário, afirma que aquele que lê Maquiavel não pode deixar de observar que as questões que ele debate são as mesmas de nossa época[235], e salienta que essa é a razão pela qual sua obra continua polêmica:

> A razão pela qual continua tão intensa a polêmica acerca dos temas de sua obra é porque cada geração deve se indagar sobre as mesmas questões que ele analisou: qual a função e natureza do Estado? Qual é o papel da violência e do consenso? Qual é a melhor forma de governo? Como se realiza o bem comum?

---

233. Ibid., p. 315.
234. Ibid, p. 316-317.
235. Cf. VÁRNAGY, T. Introducción. In: VÁRNAGY, T. (comp.). *Fortuna y virtud en la República Democrática* – Ensayos sobre Maquiavelo. Op. cit., p. 9.

Que relação existe entre o conflito, a ordem e a liberdade? Pode haver uma ciência política que previna os governantes? Em que medida influem os fatores subjetivos e objetivos na política? Existe uma relação entre ética e política, entre o ser e o dever ser? Que papel devem cumprir a Igreja, a religião, os militares? O que é mais importante, a pátria ou o indivíduo?[236]

Hoje – muito embora *O príncipe* tenha tido seu objetivo precípuo deturpado em alguns livros comerciais, sendo constantemente utilizado por administradores de empresa ou especialistas em *marketing*, que se apropriam de seu manancial teórico, vigente apenas na seara política, para oferecer lições que façam os aspirantes a executivos terem sucesso em seus empregos –, tem-se um certo consenso, no meio acadêmico, de que, malgrado serem eternas as lições do breviário, Maquiavel, ao escrevê-lo, sonhava com a unificação de sua tão amada Itália, que queria ver livre do jugo estrangeiro. Geralmente, costuma-se comparar o opúsculo ao restante de sua obra, principalmente aos *Discursos*, livro considerado por Maurizio Viroli e uma grande quantidade de estudiosos como a "obra fundamental do republicanismo moderno", um escrito totalmente inspirado pelo amor do "livre viver"[237]. Ainda segundo Viroli, *A arte da guerra* e a *História de Florença* também contribuem para esta visão quando ensinam que a "liberdade deve ser defendida com as armas sob o domínio da lei"[238]. É exatamente nesse ponto que reside a crítica fulminante desferida por Maquiavel contra Soderini, pois este foi incapaz "de fazer o mal necessário para salvar a República"[239].

Essa é a postura interpretativa que adotamos e que aflorou em nossa última lição. Em nossa proposta, o opúsculo de Ma-

---

236. Op. cit.
237. VIROLI, M. Op. cit., p. 293.
238. Ibid.
239. Ibid., p. 162.

quiavel não é a defesa desabusada de tiranias cruéis, mas o apregoamento de que a crueldade deve ser utilizada, em situações de crise, para salvaguardar as liberdades. É um livro que só pode ser entendido levando-se em consideração o contexto em que viveu o autor e, ao mesmo tempo, se for confrontado com o restante de seus textos, marcadamente os *Discursos*.

Maquiavel – que nascera em 3 de maio de 1469 – ao morrer, aos 58 anos de idade, em 21 de junho de 1527, não viu o ideal pelo qual lutara realizar-se.

Por vezes, o senso comum acredita que só os românticos podem sonhar, razão pela qual, ao iniciarmos esta conclusão, fizemos questão de citar Beethoven – que antecipa o movimento romântico na música erudita – e o seu projeto de fraternidade entre os povos.

Nosso chanceler era, ao contrário do compositor alemão, um realista, mas, mesmo assim, também tinha um sonho, o que nos convence que um certo romantismo pode fazer morada nas áreas mais recônditas de uma alma pragmática. Seu sonho era ver a península unificada sob a égide de um governo republicano. Lia sobre a Antiga Roma e via como a sua Itália era decadente. Não obstante, não desistia de seus ideais e, apesar dos reveses pelos quais passou, tinha uma crença inabalável naquele povo que outrora havia dominado o mundo. Talvez por isso, Maquiavel, entre tantas coisas inteligentes que disse sobre o pragmatismo político, não deixou de escrever – o que bem ressalta seu otimismo oculto – que, apesar de todos os dissabores, a Itália "parece ter nascido para ressuscitar as coisas mortas"[240].

---

240. MAQUIAVEL, N. *A arte da guerra*. Op. cit. Livro sétimo, p. 225.

OBRAS PRINCIPAIS

BARROS, V.S.C. "Maquiavel: sua época, suas ideias e a ditadura de transição". In: ALMEIDA FILHO, A. & BARROS, V.S.C. (orgs.). *Novo Manual de Ciência Política*: autores modernos e contemporâneos. São Paulo: Malheiros, 2008.

_____. *Introdução a Maquiavel*: uma teoria do Estado ou uma teoria do poder? Campinas: Edicamp, 2004.

BERLIN, I. "A originalidade de Maquiavel". In: BERLIN, I. *Estudos sobre a humanidade*: uma antologia de ensaios. São Paulo: Companhia das Letras, 2002 [Trad. de Rosaura Eichenberg].

BIGNOTTO, N. "Introdução aos Discursos sobre a primeira década de Tito Lívio, de Nicolau Maquiavel". In: MAQUIAVEL, N. *Discursos sobre a primeira década de Tito Lívio*. São Paulo: Martins Fontes, 2007 [Trad. de M.F.].

_____. *Maquiavel*. Rio de Janeiro: Zahar, 2003.

_____. *Maquiavel republicano*. São Paulo: Loyola, 1991.

BOBBIO, N. *A Teoria das Formas de Governo*. 9. ed. Brasília: UnB, 1997 [Trad. de Sérgio Bath].

_____. *Estado, governo, sociedade*: para uma teoria geral da política. 4. ed. São Paulo: Paz e Terra, 1995 [Trad. de Marco Aurélio Nogueira].

_____. *Teoria Geral da Política* – A filosofia política e as lições dos clássicos. Rio de Janeiro: Campus, 1991 [Trad. de Daniela Beccaria Versiani].

BURNHAM, J. *The Machiavellians*: defenders of freedom. Nova York: Freeport, 1970.

CASSIRER, E. *O Mito do Estado*. São Paulo: Códex, 2003 [Trad. de Álvaro Cabral].

CHABOD, F. *Escritos sobre Maquiavelo*. México: Fondo de Cultura Económica, 1994

_____. *Escritos sobre el Renacimiento*. México: Fondo de Cultura Económica, 1990.

CROCE, B. Elementi di politica. In: CROCE, B. *Etica e politica*. Milão: Adelphi, 1994.

DE SANCTIS, F. *Historia de la literatura italiana*. Buenos Aires: Americalee, 1944.

GRAZIA, S. *Maquiavel no inferno*. São Paulo: Companhia das Letras, 1993 [Trad. de Denise Bottman].

HALE, J.R. *Maquiavel e a Itália da Renascença*. Rio de Janeiro: Zahar, 1963 [Trad. de Waltensir Dutra].

JOLY, M. *Diálogo en el infierno entre Maquiavelo y Montesquieu*. Barcelona: Seix Barral, 1977.

LARIVAILLE, P. *A Itália no tempo de Maquiavel*: Florença e Roma. São Paulo: Companhia das Letras, 1988 [Trad. de Jônatas Batista Neto].

MAQUIAVEL, N. *Discursos sobre a primeira década de Tito Lívio*. São Paulo: Martins Fontes, 2007 [Trad. de M.F.].

_____. *História de Florença*. São Paulo: Martins Fontes, 2007 [Trad. de M.F.].

_____. *A arte da guerra*. São Paulo: Martins Fontes, 2006 [Trad. de M.F.].

_____. *O príncipe*. São Paulo: Martins Fontes, 1998 [Trad. de Maria Júlia Goldwasser].

MACHIAVELLI, N. Clizia. In: MACHIAVELLI, N. *Opere* III. Turim: Einaudi, 1997 [Introd. e notas de Corrado Vivanti].

_____. L'Asino. In: MACHIAVELLI, N. *Opere* III. Turim: Einaudi, 1997 [Introd. e notas de Corrado Vivanti].

_____. La Mandragola. In: MACHIAVELLI, N. *Opere* III. Turim: Einaudi, 1997 [Introd. e notas de Corrado Vivanti].

MAQUIAVELO, N. *Epistolario*: 1512-1527. México: Fondo de Cultura Económica, 1990.

MOMMSEN, T. *Compendio del Derecho Publico Romano*. Pamplona: Analecta, 1999.

MOUNIN, G. *Maquiavel*. Lisboa: Ed. 70, 1984.

POCOCK, J.G.A. *El momento maquiavélico* – El pensamiento político florentino y la tradición republicana atlántica. 2. ed. Madrid: Tecnos, 2008.

POLÍBIO. *História*. 2. ed. Brasília: UnB, 1996 [Trad. de Mário da Gama Kury].

RICCIARDI, M. A República antes do Estado – Nicolau Maquiavel no limiar do discurso político moderno. In: DUSO, G. (org.). *O poder* – História da filosofia política moderna. Petrópolis: Vozes, 2005 [Trad. de Andrea Ciacchi, Líssia da Cruz e Silva e Giuseppe Tosi].

RIDOLFI, R. *Biografia de Nicolau Maquiavel*. São Paulo: Musa, 2003 [Trad. de Nelson Canabarro].

SABINE, G.H. *Historia de la Teoría Política*. México: Fondo de Cultura Económica, 1991.

SKINNER, Q. *Maquiavel*: pensamento político. São Paulo: Brasiliense, 1998 [Trad. de Maria Lúcia Montes].

_____. *As fundações do pensamento político moderno*. São Paulo: Companhia das Letras, 1996 [Trad. de Renato Janine Ribeiro e Laura Teixeira Motta].

SYMONDS, J.A. *El Renacimiento en Italia*. Vol. I. México: Fondo de Cultura Económica, 1995.

TEJERINA, R.Á. Maquiavelo y la Teoría Política Renacentista. In: VALLESPÍN, F. (org.). *Historia de la Teoría Política.* Vol. 2. Madri: Alianza, 2002.

VÁRNAGY, T. "Introducción". In: VÁRNAGY, T. (org.). *Fortuna y virtud en la República Democrática* – Ensayos sobre Maquiavelo. Buenos Aires: Clacso, 2003.

VIGNAL, L.G. *Maquiavelo*. 3. ed. México: Fondo de Cultura Económica, 1971.

VIROLI, M. *O sorriso de Nicolau* – História de Maquiavel. São Paulo: Estação Liberdade, 2002 [Trad. de Valéria Pereira da Silva].

WHITE, M. *Maquiavel*: um homem incompreendido. Rio de Janeiro/São Paulo: Record, 2007 [Trad. de Julián Fuks].

Para ver outras obras da coleção
10 Lições
acesse

livrariavozes.com.br/colecoes/10-licoes